초등 연애부터 입시 경쟁까지,
문화를 말해요

이슈 토론 생각을 넓혀라_4
초등 연애부터 입시 경쟁까지, 문화를 말해요

초판 1쇄 인쇄 2025년 3월 11일
초판 1쇄 발행 2025년 3월 20일

글 강로사
그림 신병근 선주리 조금상

펴낸곳 도서출판 개암나무(주)
펴낸이 김보경
경영관리 총괄 김수현　**경영관리** 배정은 조영재
편집 조원선 김소희 오은정 이혜인　**디자인** 이은주　**마케팅** 이기성
출판등록 2006년 6월 16일　제22-2944호

주소 서울특별시 용산구 한남대로40길 19, 4층(한남동, JD빌딩) (우)04417
전화 (02)6254-0601, 6207-0603　**팩스** (02)6254-0602　**E-mail** gaeam@gaeamnamu.co.kr
개암나무 블로그 http://blog.naver.com/gaeamnamu　**개암나무 카페** http://cafe.naver.com/gaeam

ⓒ 강로사, 신병근 2025
이 책의 저작권은 저자에게 있습니다.
저자와 출판사의 허락 없이 내용의 일부를 인용하거나 발췌하는 것을 금합니다.

ISBN 978-89-6830-863-5 74300
ISBN 978-89-6830-778-2 74300 (세트)

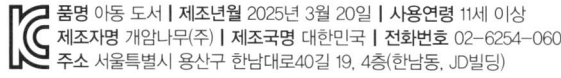

품명 아동 도서 | 제조년월 2025년 3월 20일 | 사용연령 11세 이상
제조자명 개암나무(주) | 제조국명 대한민국 | 전화번호 02-6254-0601
주소 서울특별시 용산구 한남대로40길 19, 4층(한남동, JD빌딩)

● 이슈 토론 생각을 넓혀라_4

초등 연애부터 입시 경쟁까지, 문화를 말해요

강로사 글
신병근 그림

개암나무

작가의 말

핸드폰이 처음 생긴 날이 떠올라요. 아빠가 제 손을 잡고 핸드폰 가게에 가서 움직이는 카메라가 달린 하얀 핸드폰을 사 주셨어요. 당시 반에서 핸드폰이 없는 사람은 다섯 명 이내였는데, 그중 저도 포함되어 있었죠. 다른 친구들보다 늦었지만, 예쁜 핸드폰이 생겨서 기쁘고 신기했어요.

핸드폰이 보편화된 뒤로도 실시간 채팅은 한동안 컴퓨터에서나 가능했어요. 실시간 채팅이 삶 깊숙이 들어온 건 스마트폰이 생긴 이후예요. 카카오톡이 출시된 뒤로 사람들은 언제 어디서든 대화를 주고받으며 각종 이모티콘으로 감정을 표현했어요. SNS가 널리 퍼진 이후에는 '아이스 버킷 챌린지'를 기점으로 각종 '챌린지'가 등장했어요. 요즘은 영상으로 메시지를 공유하는 문화가 일상이 되었지요.

문화는 당시 사람들이 보편적으로 공유하는 생활 양식을 말해요. 사회적으로 중대한 사건이 터지거나 새로운 기술이 나타나면 그에 따라 문화도 바뀌어요. 이전에는 상상도 못 했던 일들이 일상이 되지요. 핸드폰이 생기면서 집 전화기는 자취를 감추었고 스마트폰이 나오면서 SNS 문화가 생겨났어요. 코로나가 발병하면서 비대면 문화가 퍼지기도 했고요. 이처럼 문화는 동시대를 살아가는 사람들을 하나로 묶는 중요한 역할을 해요.

문화가 꼭 옳은 방향으로 나아가는 건 아니에요. 문화는 시대 상황에 따라 발전할 때도 있고, 퇴보할 때도 있어요. 따라서 항상 문화에 관심을 가지고 토론을 벌여야 해요. 그래야만 우리에게 이로운 문화인지 아닌지 알 수 있으니까요.

이 책에는 어린이 여러분과 깊은 관련이 있는 문화 주제들을 담았어요. 읽다 보면 문화가 우리 삶에 생각보다 더 많은 영향을 미친다는 사실을 알게 될 거예요. 요즘은 새로운 기술이 자주 나오다 보니 문화도 자주 변모해요. 빠르게 변화하는 시대에서 혼란에 빠지지 않고 앞으로 나아가기를 응원해요. 이 책이 삶의 중심이 되어 줄 가치관을 기르는 데 도움이 되기를 바라요.

강로사

(차례)

- 작가의 말 · 4

비대면 문화가 확산되면 좋을까? · 8

초등학생이 스마트폰을 자유롭게 써도 될까? · 24

초등학생에게 연애가 이로울까? · 41

선행 학습이 학업에 도움이 될까? · 57

성장기 어린이에게 채식 급식이 필요할까? • 71

랜선 친구, 실제로 만나도 될까? • 87

중학생이 되면 교복을 입어야 할까? • 103

초등 의대 준비반까지 낳은 과도한 경쟁, 꼭 필요할까? • 117

비대면 문화가 확산되면 좋을까?

"요즘은 사회가 삭막해진 것 같아."

지오가 아이스크림 봉지를 뜯으면서 말했다. 아이스크림을 먹던 지나가 지오를 쳐다보았다.

"갑자기 그게 무슨 말이야. 너 또 엉뚱한 생각 하고 있지?"

"그런 거 아냐. 나 진지하다고."

지오가 아이스크림을 먹으며 생각에 잠겼다. 쌍둥이인 지나와 지오는 학원도 같이 다녔다. 두 사람은 학교가 끝나고 학원에 가기 전까지 간식을 사 먹고 돌아와 학교 도서실에서 시간을 보냈다. 방과 후 도서실에는 사람이 별로 없었다. 공책에 무언가를 끄적이는 하연이와 책을 잔뜩 쌓아 놓고 읽는 재준이, 그리고 지오와 지나가 전부였다. 방해 안 받고 스마트폰 하기 딱 좋았다.

두 사람은 도서실로 들어갔다. 오늘도 하연이는 공책을 펴 놓고 무언가 생각 중이었고 재준이는 학습 만화를 읽고 있었다. 지나가 의자에 앉아 스마트폰을 켜자 지오가 말했다.

"키오스크 같은 거 왜 있는지 모르겠어."

"아까 그 말 한 거였구나. 키오스크랑 사회가 삭막해지는 거랑 무슨 상관이야?"

"키오스크를 이용하는 것보다 주인아저씨가 계신 게 더 좋아. 자주 만나서 반갑다고 젤리도 공짜로 주셨는데."

원래 풍채 좋은 사장님이 계셨던 아이스크림 가게는 지난달부터 무인 시스템으로 바뀌었다. 지오는 문득 걱정이 되었다.

"우리 집 맞은편 햄버거 가게에도 키오스크가 생겼잖아. 나중에 편의점 알바 누나도 키오스크로 바뀌는 거 아니겠지? 나 그 누나랑 친한데."

"사람 사귀려고 가게에 가지 않잖아. 키오스크가 여러모로 편하니까 바뀌는 거지."

"너는 사람보다 스마트폰이랑 친하니까 절대 이해 못 할걸."

"내가 뭐 어때서!"

지나가 큰소리치자 하연이와 재준이가 지나를 쳐다보았다. 컴퓨터 앞에 앉아 있던 선생님이 자리에서 일어났다.

"비대면 문화에 대해 하고 싶은 말이 많구나."

선생님의 눈빛이 반짝거렸다. 지나와 지오는 처음 보는 분이었다. 원래 사서 선생님은 여자였는데 지금은 머리를 한껏 세운 남자 선생님이 앉아 있었다. 지오가 물었다.

"원래 계시던 사서 선생님은 어디 가셨어요?"

"휴가 가셔서 당분간 내가 도서실을 맡게 되었어. 너희가 방과 후 도서실 멤버지? 사서 선생님께 들었단다."

"저희는 그냥 학원 가기 전까지 있는 것뿐이에요. 도서부도 아니고……."

"어쨌든 방과 후에 도서실을 지키는 아이들이잖아. 사서 선생님께서는 너희가 시간을 때우는 것 같아서 안타깝다고 하시던데, 내가 있는 동안 여기 모여서 같이 토론해 볼래?"

선생님이 커다란 원형 테이블을 가리켰다. 아이들이 쭈뼛거리자 선생님이 앉으라며 재촉했다. 네 사람은 마지못해 자리를 옮겼다.

선생님은 토론할 때 참고하라며 아이들에게 자료를 나눠 주었다.

토론을 시작하기 전에!

비대면 문화는 시대의 흐름이다

사람끼리 직접 만나지 않고 이루어지는 비대면 거래가 늘어나고 있습니다. 통계청에 의하면 2023년 E-쿠폰 서비스 거래액은 약 9조 원으로, 전년에 비해 35퍼센트 성장했습니다. 2020년 약 27조 원이었던 세계 키오스크 시장 규모는 2028년에는 약 68조 원 규모가 될 것으로 전망됩니다.

E-쿠폰, 키오스크 시장 큰 폭으로 성장

2024년 한 카드 회사가 실시한 조사에 의하면 2023년에 새로 생긴 무인점포 가맹점 수는 2019년도와 비교했을 때 4.81배 증가했습니다. 무인 아이스크림 가게가 주를 이뤘으나 이제는 반려동물 용품점, 문구점, 세탁소도 직원 없이 무인으로 운영하는 사례가 늘었습니다.

무인점포 수 4.81배 증가

2023년 한 멤버십 서비스 기업에서 실시한 키오스크 관련 설문 조사에서 10대~30대 응답자는 직원과 대면하기보다 키오스크로 주문하기를 더 선호했습니다. 그 이유로 '직원 눈치를 볼 필요가 없다(33.6퍼센트)', '처리 시간이 빠르다(24.2퍼센트)', '대기 시간이 짧다(19.5퍼센트)' 등을 들었습니다.

10대~30대 키오스크 주문 선호

비대면 문화로 불편을 겪는 사람도 많다

2022년 한국소비자원이 발표한 자료에 의하면 시민 500명 중 233명(약 46퍼센트)이 키오스크를 사용하다가 불편 또는 피해를 겪은 적이 있다고 대답했습니다. 불편한 이유로 '주문이 늦어지면 뒷사람 눈치가 보인다'가 52.8퍼센트로 가장 많았습니다. 그밖에 '메뉴 조작이 어렵다(46.8퍼센트)', '기계 오작동(39.1퍼센트)' 등의 응답이 뒤를 이었습니다.

시민 46퍼센트, 키오스크 불편해

한 멤버십 서비스 기업에서 실시한 설문 조사에서 응답자 10명 중 3명은 키오스크를 이용하다가 포기한 적이 있다고 답했습니다. 60대 어르신은 햄버거 가게에서 햄버거를 주문하려고 키오스크 앞에 섰다가 사용법이 익숙하지 않아 결국 주문을 포기하고 돌아섰다고 대답했습니다.

키오스크 주문 포기하기도

팬데믹 이후 고립 청년이 늘어났습니다. 한국보건사회연구원의 조사에 의하면 2021년 전국 19세~34세 청년 중 고립 청년은 약 53만 명으로, 2019년에 비해 61퍼센트가량 증가했습니다. 전문가들은 팬데믹 기간에 비대면 수업을 받았던 대학생들이 향후 사회생활에 어려움을 겪어 고립 청년 문제가 심해질 것이라고 지적했습니다.

비대면 문화가 고립 문제 심화해

"2019년 팬데믹 이후로 비대면 문화가 급격히 퍼졌어. 학교에 가는 대신 컴퓨터나 스마트폰으로 화상 수업을 받았고, 거리에는 직원이 없는 무인가게가 하나둘 생겨났어. 정부는 비대면 진료를 확대했지. 주로 음식점에만 있던 키오스크는 이제 대형 쇼핑몰이나 공항, 관공서에서도 볼 수 있어. 비대면 문화가 점점 확산되는 걸 좋아하는 사람도 있고, 꺼리는 사람도 있지. 너희는 어떠니?"

> **용어 정리**
>
> **키오스크**: 정보를 알려 주거나 주문을 받는 기계입니다. 스마트폰처럼 스크린을 손가락으로 눌러 사용하지요.

선생님의 물음에 지오가 먼저 말했다.

"저는 비대면 문화는 별로예요. 이것 때문에 정이 사라지는 것 같아요. 친하게 지내던 아이스크림 가게 사장님을 키오스크가 생기고 나서는 본 적이 없어요. 제 단골 가게를 잃어버린 기분이에요."

"음식점에는 음식을 사려고 가는 거지, 가게 사장님이랑 친분을 쌓으려고 가는 게 아니거든? 저는 키오스크가 편해요. 직원하고 말을 주고받지 않아도 되고 필요한 주문만 하면 끝이잖아요. 주문하는 시간이 훨씬 빨라져서 좋던데요?"

"지나는 키오스크가 생겨서 좋은가 보구나. 그래도 공격적으로 말하면 지오가 기분이 상할 수 있으니까 다음부터는 부드럽게 얘기해 보자. 토론할 때는 상대의 의견을 존중하는 의미에서 존댓말을 사용하고."

"그러면 안 되는 거 아는데, 쟤랑 얘기하면 답답해서……."

지나의 이유 있는 불평에 선생님이 미소를 지었다.

"지금처럼 비대면 문화가 퍼져도 좋다고 생각해요. 저는 목소리가 작은 편이라 식당에서 주문하려면 여러 번 말해야 해요. 심지어 주문이 잘못 들어갈 때도 있어요. 그런데 무인점포에서는 키오스크로 정확하게 주문할 수 있어서 좋아요."

"맞아요. 솔직히 비대면이 편하다니까요. 가게에서 굳이 직원에게 물어보지 않아도 되고 알아서 해결할 수 있잖아요."

자신과 같은 의견이 나오자 지나가 신이 나서 덧붙였다. 줄곧 조용히 있던 재준이가 마지막으로 입을 열었다.

"사람에 따라 다른 문제 같습니다. 어르신들은 비대면 문화를 불편해하세요. 비대면 문화의 핵심은 인간과 소통하는 대신 기계를 사용하는 거예요. 나이 드신 분들은 특히 스마트기기 사용을 어려워하죠. 식당이나 카페에서 주문하는 것도 힘들어하세요. 저희 할아버지의 단골 순댓국집에 키오스크가 생겼는데 주문을 못 해서 저한테 전화해서 물어보셨어요. 저는 비대면 문화에 문제가 많다고 봐요."

"그렇구나. 어르신들은 특히 디지털 격차를 느끼는 일이 많지."

선생님 말에 지나는 얼마 전 가족끼리 외식 간 날을 떠올렸다. 어떤 할머니가 키오스크 앞에서 서성이다가 결국 돌아서는 모습을 봤다. 지오가 말했다.

"어르신뿐만 아니라 어린 친구도 디지털 격차를 느낄 것 같아요. 저희보다 어린 친구들은 키오스크가 높아서 손에 잘 안 닿거든요. 또 무인점포에서는 현금을 아예 받지 않기도 해요. 저는 용돈을 현금으로만 받거든요. 돈이 있는데 음식을 마음대로 못 사 먹으니까 괜히 서러워요."

"시대가 바뀌니까 어쩔 수 없는 현상이라고 생각해요. 불편하다고 기술을 쓰지 않으면 세상은 지금처럼 발전하지 못했을 거예요. 구청에서 60대 이상 노년층에게 스마트폰 사용법을 가르쳐 준다는 포스터를 본 적이 있어요. 정부에서 할머니 할아버지에게 꾸준히 비대면 문화에 관한 교육을 열면 격차가 해소되지 않을까요?"

"확실히 비대면 문화는 편리한 측면이 있어. 기계로 원하는 요구를 바로 접수하고, 사람과 마주하면서 발생하는 불편함을 완전히 없앨 수 있으니까. 하지만 기계 사용법을 단시간에 익히기 어려운 노인과 아이에게는 또 다른 장벽이 될 수 있지. 이번에는 기계 말고 다른 얘기를 해 보자. 비대면 문화는 말 그대로 사람들이 서로를 마주 보지 않고서

지식 플러스

디지털 격차

디지털 기기를 사용하는 사람과 그렇지 않은 사람 간에 생기는 격차를 뜻합니다. 인터넷이 발달하면서 디지털 기기를 사용하는 사람은 더 많은 지식과 정보를 보유하는 반면, 그렇지 못한 사람은 정보를 얻지 못합니다. 젊은 층과 노년층 사이에, 도시와 시골 사이에, 디지털 기기를 보유할 만큼의 재력이 있는 계층과 그렇지 못한 빈곤계층 사이에 디지털 격차가 발생해요. 2022년 한국지능정보사회진흥원의 발표에 의하면 정보취약계층(고령층, 장애인, 농어민, 저소득층) 중에서 고령층의 디지털 정보화 수준이 가장 낮았습니다.

도 사회생활이 이루어지는 문화야. 만나지 않아서 생기는 변화는 또 무엇이 있을까?"

선생님의 질문에 하연이가 손을 들었다.

"얼마 전에 친해지고 싶은 친구가 생일이라서 SNS로 선물을 보냈어요. 저는 내성적인 편이라서 친구한테 먼저 다가가기가 어려운데 선물 보내기 기능이 있으니까 친구를 직접 보지 않아도 마음을 전할 수 있어서 좋았어요. 비대면 문화가 생기면서 저 같은

사람에게는 소통할 기회가 하나 더 늘어난 것 같아요."

"비대면 문화가 확산되면 인간관계로 인한 스트레스가 줄어들 거예요. 저희 아빠는 재택근무가 좋다고 맨날 얘기해요. 불편한 상사를 만나지 않아도 된다면서요."

"사람을 마주치지 않으니 관계에서 오는 갈등이 확실히 줄어들긴 했어. 한국경영자총협회가 매출 50대 기업을 대상으로 설문 조사를 했는데, 팬데믹 기간이 끝나도 재택근무를 하는 기업은 약 60퍼센트라고 하더구나. 그만큼 사람들이 재택근무가 장점이 많다고 느낀 게 아닐까?"

"저는 오히려 비대면 문화가 또 다른 갈등을 일으킨다고 생각합니다. 예전에 소통에 대한 책을 읽었는데, 소통은 언어가 20퍼센트, 제스처나 어조, 행동 같은 비언어적인 요소가 80퍼센트를 차지한대요. 비대면 문화가 확산되면 화상통화를 하거나 메시지를 주고받으며 소통할

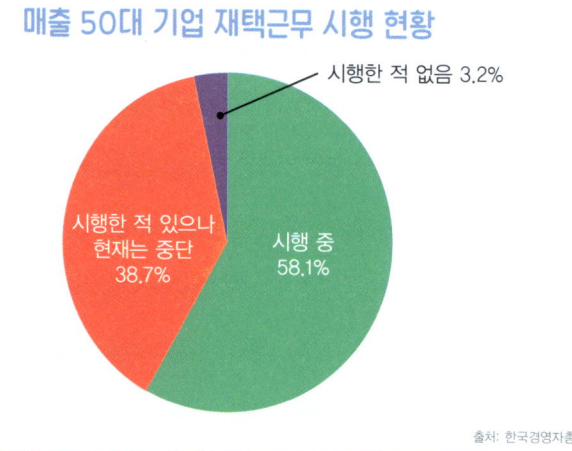

텐데 이것만으로는 비언어적 요소를 파악하기 힘듭니다."

"예전에 화상 영어 수업을 몇 번 받았는데 솔직히 좀 답답했어요. 화질이 떨어져 선생님 표정이 잘 보이지 않을 때도 있고 목소리가 끊길 때도 있었거든요. 그럴 때는 솔직히 딴짓하게 되더라고요. 만나서 수업할 때보다 집중력이 엄청 떨어지고요. 영어 시험 점수도 계속 낮게 나왔어요."

 "화상 소통은 분명 대면 소통보다 질이 떨어져. 한국교육과정평가원이 교사 800여 명에게 물어보니 전체 응답자 중에서 86.4퍼센트는 원격 수업이 효과적이지 않다고 대답했어. 수업 전달력이 떨어지고 학생들도 집중을 못 해서지. 화상으로 회의나 수업을 할 때는 이 문제가 더 두드러질 거야."

"화상 수업은 단점도 있지만 자기 시간이 늘어난다는 장점도 있

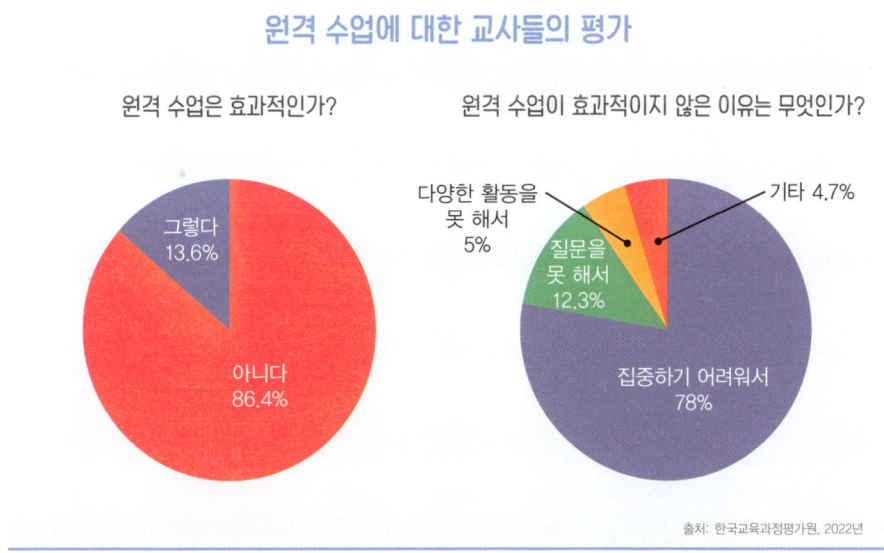

원격 수업에 대한 교사들의 평가

출처: 한국교육과정평가원, 2022년

어요. 학원 가려고 준비하는 시간, 오가는 시간을 줄일 수 있잖아요. 그 시간을 더 효율적으로 쓰면 결국 자신에게 이득이라고 봐요."

"그 대신 개인주의가 심해지지 않을까요? 다른 사람이랑 소통할 시간이 줄고 나만의 시간이 늘어난다는 뜻이잖아요."

"너희 얘기를 듣다 보니 얼마 전 봤던 뉴스가 떠오르는구나. 요즘 1인 수영장, 1인 헬스장이 생긴 거 아니? 20대~30대가 많이 이용한다고 해. 혼자만의 시간이 길어지는 게 괜찮은지 어른으로서 조금 걱정되는구나."

"그런데 선생님이 주신 자료를 보다가 이상한 점을 발견했어요."

지오가 턱을 긁으며 말했다. 선생님이 지오를 향해 고개를 돌렸다.

"뭔데?"

"사람들이 키오스크를 선호하는 이유랑 불편해하는 이유가 같아요. 키오스크를 선호하는 이유에 '직원 눈치를 볼 필요가 없다'가 있는데 불편해하는 이유도 '뒷사람 눈치가 보여서'네요."

"지오가 예리하게 포착했구나. 왜 그런 것 같니?"

"음······."

지오를 포함한 다른 아이들도 이유가 궁금했다. 지나는 아무리 생각해도 떠오르지 않았다. 조용해진 도서실에서 선생님이 말을 꺼냈다.

"팬데믹으로 사회에 비대면 문화가 스며든 이후로 사람들에게 다른 사람의 존재 자체가 낯설어진 건 아닐까? 요즘 20대 이상 젊은 세대는 전화받는 것조차 꺼린다는구나. 안타깝지만 사람을 대하는 것 자체가 불편하고 두려운 거야."

지나는 선생님 얘기를 듣고 고개를 끄덕였다. 지나도 그랬다. 어느 순간 친구들과 직접 만나 수다 떠는 일이 피곤했다. 그보다 소파에 누워 스마트폰으로 채팅하는 게 훨씬 편했다. 키오스크가 편한 것도 직원과 직접 말을 주고받기 꺼려지기 때문이었다.

 "비대면 문화가 편하지만 사람끼리 멀어지게 하나 봐요."

지나는 누군가에게 편리한 게 누군가에게는 불편할 수도 있다는 것을 배웠다.

"우리는 결국 다른 사람과 함께 살아갈 수밖에 없어. 서로 도우면서 말이야. 그래서 우리가 지금처럼 토론하는 거란다. 토론하면서 서로 생각이 다르다는 사실도 알고, 다른 사람도 이해하면서 사회를 살아가는 데 더 나은 방향을 찾을 수 있거든. 다음에도 재밌는 토론을 해

지식 플러스

비대면 문화와 콜 포비아

'콜 포비아(call phobia)'란 전화가 왔을 때 두려움을 넘어 공포까지 느끼는 현상을 말합니다. 비대면 문화에 익숙해지면서 전화통화에도 공포심을 느끼는 사람이 많아졌습니다.

특히 MZ세대에서 이런 현상이 도드라지는데요. 2022년 아르바이트 전문 포털 사이트 조사에 의하면 응답자 중 약 30퍼센트가 통화할 때 긴장이나 불안을 느꼈다고 답했습니다. 이들은 공적인 용무 외에 사적인 통화도 원하지 않았습니다. SNS로 소통하는 시간이 늘다 보니 문자로 대화하기를 선호하는 것입니다.

보자!"

선생님이 목소리를 높여 이야기했다. 아이들은 서로의 눈치를 보다가 마지못해 "네" 하고 대답했다. 도서실에서 딱히 할 일이 있는 것도 아니었고 다른 곳을 가기도 애매했기 때문이다.

지오가 또 질문했다.

"앞으로 선생님을 뭐라고 부르면 될까요? 사서 선생님이라고 부를까요?"

"기왕이면 별명으로 불러 주면 좋겠다. 보다시피 내가 좀 잘생겼으니까 아이돌 선생님 어때?"

선생님의 말에 한순간 정적이 흘렀다. 그 순간만큼은 아이들이 모두 한마음이었다. 아이들은 앞으로 선생님을 '아이돌 선생님' 대신 '토론 샘'이라고 부르기로 했다.

토론의 쟁점을 정리해 볼까요?

지나 하연   지오 재준

비대면 문화는 시대의 흐름이다	비대면 문화로 불편을 겪는 사람도 많다
기술을 누리지 않으면 더 이상 발전하지 않는다.	젊은 층과 노년층 사이에 디지털 격차가 발생한다.
직접 사람을 만나지 않아도 되니 인간관계로 인한 스트레스가 줄어든다.	화상 소통은 정확도가 떨어진다.

초등학생이 스마트폰을 자유롭게 써도 될까?

지나가 도서실로 가는 길에 한숨을 쉬었다.

"이제 어떻게 살아?"

"엄마한테 잘못했다고 해. 반성하는 모습을 보이면 엄마도 마음을 돌리시지 않을까?"

지오의 조언에도 지나는 짜증이 가시지 않았다. 발을 쿵쿵거리며 도서실로 갔다. 문을 여니 하연이, 재준이, 토론 샘이 기다리고 있었다. 선생님이 두 사람을 보고 알은체를 했다.

"어서 와. 지나는 오늘 표정이 별로 안 좋네. 무슨 일 있었어?"

"엄마한테 스마트폰 빼앗겼어요."

"스마트폰을? 지나가 무척 속상하겠네."

선생님의 위로에 지나는 울컥하며 답답한 마음을 쏟아 냈다.

"엄마가 저한테만 뭐라고 해요. 집에서 스마트폰만 한다고요. 사실 저만 그런 거 아니거든요. 지오도 수시로 보고요. 식사 끝나면 아빠는 침대에, 엄마는 소파에 자리 잡고 앉아 핸드폰 봐요."

"나는 왜 끌고 들어가!"

지오가 지나의 말에 발끈했다.

"엄마도 맨날 스마트폰 하면서 왜 나한테만 뭐라고 하느냐고 따졌더니, 엄마가 화나서 제 스마트폰을 빼앗았어요. 전화만 되는 먹통 핸드폰으로 바꾼대요. 진짜 막막하고 억울해요."

"요즘 사람들이 스마트폰을 몸의 일부처럼 가지고 다니긴 하지. 어머니도 아마 자신이 얼마나 자주 스마트폰을 쓰는지 잘 모르셔서 그랬을 거야. 너희는 어떠니? 우선 스마트폰 있는 사람?"

재준이만 빼고 지나와 지오, 하연이가 손을 들었다. 아이들의 시선이 재준이에게 쏠렸다.

"저는 폴더 폰 가지고 다녀요."

재준이가 주머니에서 두툼하고 시커먼 폴더 폰을 꺼내 테이블에 올려놓았다. 모두가 눈이 동그래져 폴더 폰을 바라보았다.

"우아, 나 폴더 폰 실제로 처음 봐."

지오가 얼굴을 가까이 대며 중얼거렸다.

"불편하지 않아? 6학년은 거의 스마트폰 쓰잖아."

"별로. 조별 숙제 할 때 다른 친구들이 불편해해서 미안한 거 빼고는 괜찮아."

지나의 물음에 재준이가 어깨를 으쓱했다.

"쟤는 보통이 아닌 것 같아."

지오가 지나에게 귓속말했다. 잠자코 이야기를 듣던 하연이가 말했다.

"스마트폰 없어도 살 수야 있지."

"어떻게 살아? 나는 절대 못 살겠던데."

하연이 말에 지나가 큰 소리로 말했다. 스마트폰을 빼앗긴 지 하루도 되지 않았는데 이만저만 불편한 게 아니었다. 시간을 알려면 스마트폰이 아닌 시계를 봐야 했고 사소한 이야기까지 주고받는 친구들 단톡방에서 무슨 대화가 오가는지도 궁금했다. 아침에는 어딘가에서 진동 소리가 들리는 것 같아 주변을 몇 번이고 돌아봤다.

"우린 이미 스마트폰으로 움직이는 세상에 살고 있잖아요. 스마트폰이 없으니 세상과 단절된 기분이에요."

지나가 선생님에게 불평했다. 그러자 선생님이 물었다.

"오늘은 스마트폰에 대해 얘기해 볼까? 디지털 시대를 살아가는 데 필수품이지만 그만큼 문제도 많아. 요새는 초등학생도 스마트폰을 많이 가지고 다니지만 어린 나이에 스마트폰을 쓰는 게 합당한지 여전히 의견이 분분해."

토론을 시작하기 전에!

스마트폰은 초등학생에게 유익하다

스마트폰 대중화로 온라인 사업이 활성화되자 10대도 창업에 뛰어드는 것으로 나타났습니다. 우리나라의 한 전자상거래 플랫폼에 의하면 2021년에 가입한 10대 신규 창업자는 2020년에 비해 약 20퍼센트가 늘었습니다. 2020년에는 2019년에 비해 59.4퍼센트나 증가했습니다.

스마트폰 대중화로 10대 신규 창업자 늘어

언론에서는 '10대 사장'이 증가한 원인으로 스마트폰 사용을 꼽았습니다. 10대들은 어려서부터 스마트폰이 익숙한 환경에서 자랐습니다. 유튜브에서 창업하는 법을 배우고 온라인 플랫폼을 통해 창업하며 SNS로 자신의 제품을 홍보합니다. 스마트폰을 자유자재로 다루면서 창업까지 가능한 능력을 갖춘 셈입니다.

스마트폰으로 일찍이 능력 키워

2022년 영국의 10살 소년이 스마트폰 게임 앱을 만들어 세상에 내놓았습니다. 우크라이나에 전쟁을 선포한 러시아 푸틴 대통령에게 바나나를 던지는 게임입니다. 이 게임은 출시 일주일 만에 페이스북 전용 페이지 팔로워가 1만 명이 넘었습니다. 소년은 "게임 수익금을 우크라이나에 기부하고 싶다"라고 말했습니다.

10살 소년, 스마트폰 게임 개발해

스마트폰은 초등학생에게 해롭다

스마트폰으로 불법 촬영 범죄를 저지르는 10대 청소년이 많아졌습니다. 경찰청의 조사에 의하면 10대 가해자는 2015년 411명이었으나 2019년에는 922명으로 늘었습니다. 2019년 아동·청소년을 대상으로 디지털 성범죄를 저지른 10대 가해자는 전년에 비해 약 20퍼센트 증가했습니다.

스마트폰으로 불법 저지르는 10대 늘어나

2021년 한국청소년정책연구원은 32.6퍼센트의 청소년이 유튜브에서 본인의 의지와 관계없이 유해 영상을 본 적이 있다고 발표했습니다. 또한 여성가족부의 조사에 따르면 초등학생 3명 중 1명이 음란물을 접했습니다.

유해 매체에 무분별하게 노출돼

한국청소년정책연구원의 조사에서 10대 청소년 5명 중 1명은 하루에 5시간 이상 스마트폰을 하며(22.8퍼센트) 스마트폰 때문에 학업에 어려움을 겪는다고 답했습니다(19.1퍼센트). 2017년 고려대학교 연구팀은 스마트폰에 중독된 청소년에게 불안증과 우울증, 불면증이 발생할 가능성이 높다고 발표했습니다.

청소년, 스마트폰 중독 문제 겪어

지나가 먼저 입을 열었다.

"스마트폰 사용에 장단점이 있지만 저는 장점이 더 많다고 봐요. 스마트폰이 있어야 SNS도 하죠. 친구들끼리 메신저로 대화하고 조별 숙제도 하거든요. 안 그래도 학원 다니느라 만나서 놀 시간도 부족한데 스마트폰까지 없으면 친구들하고 대화도 못 할걸요."

"맞아요. 저는 얼마 전에 좋아하는 유튜브 크리에이터랑 메시지를 주고받았어요! 크리에이터가 생일이라 개인 계정으로 축하한다고 메시지 보냈는데 답장이 와서 진짜 신기했어요. SNS가 있으니까 가능한 일 아닐까요?"

지나의 말에 지오가 맞장구를 쳤다. 토론 선생님이 고개를 끄덕였다.

"방금 중요한 키워드가 나왔어. 바로 'SNS'야. SNS는 소셜 네트워크 서비스(Social Network Service)의 약자인데, 사람들끼리 자유롭게 소통하고 정보도 공유하는 온라인 플랫폼이야. 사람들이 SNS를 하는 시간은 하루 평균 2시간 반이래. 2023년 한 조사에 의하면 우리나라 사람들이 하루에 스마트폰을 이용하는 시간은 약 5시간이었어. 스마트폰을 하는 시간의 절반을 SNS가 차지한다고 추측할 수 있지."

선생님은 사람들이 SNS를 얼마나 많이 사용하는지 짚어 주었다.

"만 14세 미만은 SNS에 가입할 때 부모님 동의가 필요한데 요새는 초등학생들도 SNS를 많이 하더라. 다른 친구들은 SNS에 대해 어떻게 생각하니?"

선생님의 질문에 하연이가 손을 들었다.

👧 "SNS는 위험 요소가 많아요. 예전에 SNS에서 낯선 사람한테 시달린 적이 있었어요. 친절하게 말을 걸어 와서 대화를 주고받았는데 점점 보고 싶다는 둥, 목소리 듣고 싶다는 둥 이상한 얘기를 하면서 계속 연락처를 물어보는 거예요. 결국 부모님께 말씀드리고 계정을 삭제했어요. 그 다음부터는 SNS 안 해요. 저는 스마트폰으로 전화랑 문자만 해요."

👦 "SNS를 이용해 누군가를 괴롭히는 것도 문제입니다. 제 친구는 SNS 때문에 학원을 그만뒀어요. 학원 SNS 계정에 누가 익명으로 제 친구를 험담하는 글을 올렸는데 그게 퍼져서 학원 애들이 단체로 제 친구 계정에 악플을 남겼대요."

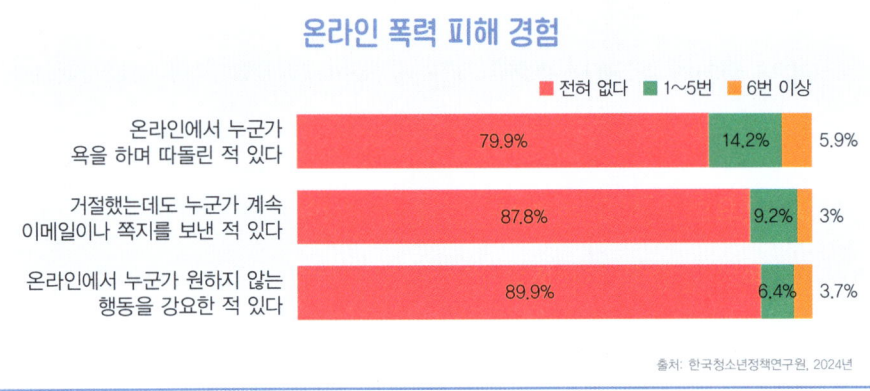

재준이가 친구가 겪은 일을 차근히 설명했다.

"그런데 제 친구 말고도 SNS에서 괴롭힘을 당한 사람들이 엄청 많더라고요. 저번에 뉴스에서 봤는데 우리나라 청소년 5명 중에 1명이 SNS에서 괴롭힘을 당해 본 경험이 있대요."

재준이가 의견을 덧붙이면서 핸드폰으로 뉴스를 보여 주었다.

두 사람의 말을 듣고 지오가 고개를 갸웃했다.

"SNS를 악용하는 사람들이 나쁜 거지, SNS 자체를 나쁘다고 볼 수는 없잖아요. SNS는 사람을 연결해 주는 플랫폼일 뿐인걸요."

"물론 SNS 자체가 잘못된 건 아니에요. SNS가 범죄의 도구로 요긴하게 쓰일 수 있다는 사실이 문제예요. 나쁜 어른들이 SNS를 이용해서 어린이에게 접근하는 게 쉬워졌잖아요. 만약 그때 SNS를 계속했더라면 더 무서운 일에 휘말렸을 것 같아요."

지오의 말에 하연이가 반대 의견을 냈다.

"두 사람 말 모두 일리가 있어. 우리는 SNS 덕분에 언제 어디서

든 사람들과 소통해. 대신 악의를 가진 사람을 만날 가능성도 생겼지. SNS가 우리에게 미치는 영향은 앞으로 더 커질 거야. 그러니 이용하는 사람이 현명해야지. SNS에 대해 나눌 얘기는 이 밖에도 무궁무진하지만, 오늘의 주제는 스마트폰이니까 이쯤에서 마무리하자. 다른 얘기를 해 보면 좋겠는데 누가 해 볼래?"

선생님의 제안에 지나가 말했다.

"저는 스마트폰을 갖고 나서 뉴스에 관심이 생겼어요. 예전에는 아빠가 재미도 없는 뉴스를 왜 이렇게 열심히 보나 했거든요. 그런데 스마트폰에 뉴스 알람이 떠서 하나씩 읽다 보니까 뉴스가 재미있어졌어요. 스마트폰으로는 내가 관심 있는 주제의 뉴스를 바로바로 볼 수 있어서 좋아요. 얼마 전에는 우유 가격이 오른다는 기사를 봐서 엄마한테 얼른 우유를 사 놓자고 말했어요."

"엄마가 기특해하시겠는데? 지나는 스마트폰으로 세상 보는 눈

> **지식 플러스**
>
> ### 사이버불링
>
> 사이버불링(cyber bullying)은 가상공간(cyber)에서 여러 사람이 특정 사람을 집중적으로 따돌리거나 집요하게 괴롭히는(bullying) 행위를 뜻합니다. 단체 채팅방에 피해자를 초대해 집단으로 욕설을 퍼붓는다거나, 문자 테러를 가한다거나, 단체 채팅방에 끊임없이 초대하는 등 SNS나 메신저를 이용한 괴롭힘입니다.
> 2022년 방송통신위원회와 한국지능정보사회진흥원이 실시한 조사에 의하면 한 해 동안 사이버 폭력을 당한 청소년은 3명 중 1명이었습니다. 이 중 초등학생은 약 39퍼센트를 차지했습니다.

을 키우는구나."

이번에는 하연이가 손을 들었다.

"지나 말처럼 스마트폰이 세상의 다양한 모습을 보여 주는 점은 좋다고 생각해요. 그런데 스마트폰은 내가 원하지 않은 것도 보여 줘요. 예전에 유튜브로 만화를 보는데, 만화가 끝나고 갑자기 총 쏘는 영상이 나와서 깜짝 놀랐어요. 알고 보니 19세 이상 관람가인 영화를 편집한 영상이었어요."

하연이가 자신의 경험을 이야기했다.

"저 말고도 많은 청소년이 스마트폰을 사용하다 원하지 않은 유해 영상을 접한 경험이 있대요. 그런 영상을 자꾸 보면 폭력성이 늘어난다는 연구를 뉴스에서 봤어요. 폭력적인 영상이 청소년들의 성격에 나쁜 영향을 준다면, 스마트폰에 책임이 있는 거예요."

"보기 싫은 건 안 보면 되지 않나요? 저도 보기 싫은 영상 나오면 바로 끄거나 뒤로 가기 버튼 눌러요."

"스마트폰을 쓰면 어쩔 수 없이 봐야 하는 경우가 있더라고요. 잔인한 영상도 계속 보면 무뎌진다는데, 저희 같은 어린이들에게는 특히 해롭다고 봐요."

지나의 반박에 하연이가 대답했다.

"자극적인 영상은 기억에 오래 남습니다. 위험은 진작 차단하는 게 낫죠."

재준이 말을 듣고 지오가 고개를 갸웃했다.

"더 넓은 세상을 보는데 그 정도 불편함은 감수해야 하지 않을까요? 세상에는 좋은 면만 있지 않으니까요. 물론 우리 나이대에 맞지 않는 영상들도 있지만……."

지오가 대꾸하다가 말을 흐렸다. 얼마 전에 봤던 영상이 떠올랐기 때문이다. SNS 쇼츠에서 댄스 챌린지 영상을 보는데 갑자기 조커가 칼을 든 영상이 나와서 놀란 적이 있었다. 그날 조커에게 쫓기는 꿈도 꾸었다.

선생님이 말했다.

"우리가 염두에 둘 점이 있어. 모든 콘텐츠는 누군가 '의도'를 가지고 제작했다는 사실이야. 그건 다른 사람의 시선으로 세상을 보는 것과 같지. 그렇다 보니 현실을 왜곡한 콘텐츠도 많아. 이런 것들을 분별

지식 플러스

쇼츠

60초 이하의 짧은 영상을 말해요. 비슷한 개념으로 '숏폼(short-form)'도 있어요. 짧은 형태의 콘텐츠라는 뜻이에요.

유튜브에서 2021년 7월에 기존 영상을 1분 내로 편집해 따로 올리는 서비스를 시작했는데, 그게 사람들 사이에 빠른 속도로 퍼지면서 하나의 문화로 자리 잡았어요.

쇼츠는 1분이라는 짧은 시간 안에 사람들의 이목을 사로잡아야 해 내용이 대게 자극적이에요. 사람들은 짜릿한 자극을 놓지 못해 몇 시간이고 쇼츠만 봐요. 앱 분석 서비스 업체에 의하면 2023년 8월 한 사람당 평균 쇼츠 사용 시간은 약 46시간이었어요. OTT 플랫폼 이용 시간은 9시간 정도였는데 말이에요.

전문가들은 쇼츠 같은 강렬한 자극에 오랫동안 노출되면 주의력과 집중력이 떨어지며, 행복을 느끼게 하는 도파민이 짧은 기간 반복적으로 분출되어 쇼츠에 중독될 수 있다고 우려해요.

하려면 미디어 리터러시에 대해 공부하는 게 좋아."

선생님 말씀을 듣던 지오가 말했다.

"미디어 리터러시를 익혀서 스마트폰으로 다양한 콘텐츠를 이용하면 우리 같은 어린이에게도 유익할 거예요. 10대 창업자들이 늘어난 것도 어렸을 때부터 스마트폰을 익숙하게 써서라고 하잖아요."

지오는 앞서 살펴본 자료를 예로 들며 경험을 들려주었다.

"저는 스마트폰으로 영어를 배웠어요. 학원에서 배우는 것보다 훨씬 재밌어요. 영어 단어 알려 주는 앱도 있고, 영어 만화를 계속 보면 질리지도 않고 영어가 쉬워져요."

지오가 영어 단어 앱을 보여 주었다. 앱에 그간 지오가 외운 영어 단어들이 죽 떴다. 영어에 약한 재준이는 자기도 모르게 '오!' 하고 감탄했

> **지식 플러스**
>
> ## 미디어 리터러시
>
> 미디어 리터러시는 미디어(media)와 리터러시(literacy)를 합친 용어입니다. 미디어는 '매체', 리터러시는 '읽고 쓸 줄 아는 능력'이라는 뜻이지요. 즉, '미디어 리터러시'는 미디어를 제대로 이해할 줄 아는 능력입니다.
>
> 미디어가 우리에게 미치는 영향력이 갈수록 커지면서 문제점도 늘어났어요. 가짜 뉴스 때문에 선거 판도가 바뀌는가 하면, SNS에서 신종 범죄들이 생겨나 피해를 보기도 합니다. 미디어를 맹신하면 위험해지는 상황이 발생하는 것입니다. 이에 따라 미디어를 제대로 이해하고 비판할 줄 아는 능력이 필요해졌습니다. '미디어 리터러시'는 뉴스에 왜곡된 정보는 없는가? 한쪽에 치우친 의견만 실었는가? 등을 점검하고, 결국은 내 생활에 필요한 정보를 골라내는 능력을 갖는 것입니다. 해외 몇몇 국가에서는 어린이에게 미디어 리터러시를 의무적으로 교육하고 있습니다.

다. 그러다 잔기침을 하고 말했다.

"토론하다 보니 우리가 어른보다 디지털기기를 익숙하게 다루는 게 사실은 어린이가 칼을 쥔 것과 비슷하다는 생각이 들었습니다."

"맞아, 스마트폰에는 정보가 무척 많아서 잘 쓰면 삶을 이롭게 해 주지만 나쁘게 쓰면 자신은 물론이고 사회에 악영향을 미치지."

"익숙하다고 해서 배울 때도, 놀 때도 스마트폰을 찾는 것은 문제라고 봅니다. 스마트폰 없이 일상이 돌아가지 않는다는 뜻이니까요."

재준이 말을 듣고 선생님이 고개를 끄덕였다.

"스마트폰은 원하는 정보를 쉽게 찾을 수 있어 자꾸 스마트폰을 찾게 만들어. 그렇다 보니 중독성도 강해. 길에서도 스마트폰만 보는 사람이 늘어나서 '스마트폰 좀비'를 뜻하는 '스몸비'라는 용어가 생길 정도야. 2023년 기준으로 우리나라 청소년 5명 중 2명은 스마트폰에 과도

지식 플러스

스몸비

'스몸비'는 '스마트폰(smartphone)'과 '좀비(zombie)'의 합성어입니다. 길거리에서 스마트폰을 들여다보느라 좀비처럼 고개를 숙이고 걸어 다니는 사람들을 일컫는 말이에요. 스마트폰에 빠져 앞에 장애물이 있는지도 모르고 심지어 맞은편에 차가 오는지도 모릅니다.

2020년 서울연구원이 실시한 설문 조사에서 응답자 10명 중 7명이 '걸어 다니면서 스마트폰을 한다'고 답했습니다. 걸으면서 스마트폰을 하면 주의력이 저하되고, 거리 감각이 40퍼센트나 떨어진다고 합니다. 걸어 다니면서 스마트폰을 하는 사람들의 사고 발생률은 그렇지 않은 사람보다 무려 70퍼센트 더 높습니다.

하게 의존하고 있다고 하니 우리도 조심해야지."

지나가 선생님에게 말했다.

"오늘 토론해 보니까 집에 가서 엄마에게 뭐라고 말할지 떠올랐어요. 미디어 홍수 시대를 똑똑하게 살려면 미디어 리터러시를 공부해야 하니 스마트폰이 필요하겠다고요."

지나의 말에 지오가 혼잣말을 했다.

"미디어 리터러시 제대로 공부하나 안 하나 지켜보고 엄마에게 일러야지."

"뭐? 혹시 네가 엄마한테 말했어? 내가 스마트폰 많이 한다고!"

"아니. 나는 엄마가 나보고 뭐라고 하셔서 네가 나보다 스마트폰 더 많이 하는 것 같다고만 했는데……."

"야!"

지나의 호통에 지오가 자리에서 쏜살같이 일어나 도서실 밖으로 빠져나갔다. 지나는 뒤늦게 지오를 쫓아가면서 미디어 리터러시를 검색해 봐야겠다고 생각했다.

재준이와 하연이도 선생님께 인사하고 일어났다. 재준이는 엄마에게 영어 공부 하고 싶으니 스마트폰 공기계를 구해 달라고 부탁해 볼까 하고 궁리했다. 하연이는 역시 스마트폰을 무리해서 쓰지 않기를 잘했다고 생각했다. 다들 머릿속으로 토론한 내용을 정리했다.

토론의 쟁점을 정리해 볼까요?

 지나 지오　　　　　　　　　　　　　 하연 재준

스마트폰은 초등학생에게 유익하다	스마트폰은 초등학생에게 해롭다
스마트폰은 인간관계를 넓혀 준다.	스마트폰 때문에 범죄에 휘말릴 수도 있다.
스마트폰으로 쉽게 뉴스를 볼 수 있다.	스마트폰을 사용하다 유해한 콘텐츠에 노출되기 쉽다.
스마트폰으로 배울 수 있는 게 많다.	스마트폰에 중독되기 쉽다.

초등학생에게 연애가 이로울까?

점심시간에 지나는 급식을 먹고 교실로 올라왔다. 그런데 문 앞에 익숙한 얼굴이 보였다. 다소곳하게 서 있던 하연이가 지나를 보고 손을 흔들었다. 지나가 빠른 걸음으로 하연이에게 다가가 인사했다.

"지나야. 혹시 지금 시간 괜찮아?"

하연이가 조심스럽게 말했다.

"응. 무슨 일인데?"

"고민이 있는데 너랑 얘기하면 풀릴 것 같아서. 너는 똑 부러지는 면이 있잖아."

지나는 칭찬을 들으니 기분이 좋아져서 하연이의 고민을 꼭 해결해 주고 싶었다.

"뭔데?"

"여긴 사람이 많으니까 한적한 데서 얘기하자."

둘은 학교 건물을 나와 운동장 앞 벤치에 앉았다. 운동장은 축구하는 아이들과 놀이터에서 노는 아이들로 북적였다. 하연이는 주변을 둘러보았다. 긴밀한 대화를 나누어도 목소리만 줄인다면 주변에 들릴까 봐 염려할 필요가 없어 보였다. 이 정도면 안심이 되었다. 하연이가 잔기침을 하고는 말을 꺼냈다.

"실은 얼마 전에 고백받았는데……."

"진짜?"

"대박!"

지나와 하연이가 깜짝 놀라 뒤를 돌아보았다. 지오가 '대박'을 연발하면서 두 사람 앞으로 걸어왔다. 지오 뒤에는 토론 샘까지 있었다. 토론 샘과 눈이 마주친 하연이는 얼굴이 빨개졌다. 지나가 지오를 나무랐다.

"송지오! 사람 말을 엿들으면 어떡해."

지오는 천연덕스럽게 두 사람을 마주 보고 땅바닥에 주저앉았다.

"나도 샘이랑 운동장에서 얘기하다가 우연히 들은 거야. 이런 얘기는 멀리서도 잘 들린다니까?"

"어쩌다 하연이의 비밀을 듣게 되었구나. 미안, 선생님이 사과할게. 대신 여기서 들은 이야기는 다른 곳에 절대 옮기지 않을게. 지오도 비밀 지켜야 한다, 알았지?"

"알겠어요."

지오가 힘차게 대답했다. 하연이는 생각보다 많은 사람이 알게 되어서 쑥스러웠지만 선생님의 약속에 마음이 조금 놓였다.

지오가 하연이에게 물었다.

"그래서 어떻게 됐는데? 사귀기로 했어?"

"싫지는 않은데 고민이 되어서……."

"하긴, 초등학생 때 연애하면 안 좋은 게 더 많지."

하연이의 말을 듣고 지오가 고개를 끄덕였다. 지오의 말에 지나는 반발심이 섰다.

"초등학생이 연애하는 게 어때서? 그건 무엇과도 바꿀 수 없는 소중한 경험이야."

"난 소중한 경험은 다른 데서 찾을래. 연애가 얼마나 골치 아픈데! 우리 나이에 연애는 아직 일러."

지오 얘기를 듣고 지나가 대꾸하려는데 선생님이 지오와 지나 사이로 슬며시 들어와 섰다.

"자자, 이렇게 말하다간 주제가 금방 다른 데로 샐 거야. 차라리 초등학생 연애에 대해 두 사람이 토론해 보면 어떠니? 찬성과 반대는 벌써 정해진 것 같으니 말이야. 하연이가 두 사람 이야기를 들으면 결정하는 데 도움이 될 거야. 너희가 참고할 만한 자료를 보여 줄게."

토론을 시작하기 전에!

연애는 초등학생에게 이롭다

2020년 한 교육 전문 콘텐츠 회사에서 실시한 설문 조사에서 청소년 422명 중 52퍼센트가 연애 경험이 있다고 답했으며, 첫 연애 시기는 초등학생 때라는 응답이 35퍼센트로 가장 많았습니다.

초등학생 때 연애 시작하는 경우 많아

위의 설문 조사에서 약 80퍼센트는 '이성 교제를 찬성한다'고 답했습니다. 그 이유로 '든든한 내 편이 생긴다(43퍼센트)', '다른 사람을 이해할 수 있는 경험이 생긴다(33퍼센트)' 등이 있었습니다.

이성 교제로 사교성 길러

또한 '이성 교제가 공부에 방해되는가'에 대한 질문에는 56퍼센트가 '방해되지 않는다'고 답했습니다. 서로 도움을 주고받으면 오히려 공부가 더 잘된다는 이유를 들었습니다.

오히려 학업에 도움되기도

연애는 초등학생에게 아직 이르다

20대 태권도 사범이 자신이 가르치는 초등학교 6학년 여학생에게 연애를 권한 사실이 드러났습니다. 태권도 사범은 여학생에게 '주변에 알리지 마라, 너한테만 잘해 주겠다'고 설득했으며, 실제 사적으로 만난 것으로 알려졌습니다. 아이 부모는 딸이 '그루밍 범죄'를 당한 것 같다고 호소했습니다.

범죄에 노출될 가능성 높아

10대 시절 우정에 충실했던 청소년들이 어른이 되어서도 연애를 잘한다는 연구 결과가 나왔습니다. 2019년 미국 버지니아대학교 연구팀은 13세 청소년 165명을 20대 후반이 될 때까지 관찰했습니다. 그 결과, 어린 시절에 동성 친구들과 우정을 돈독히 쌓으며 관계를 이어간 청소년들이 성인이 된 후에도 연애에 만족하는 모습을 보였습니다.

우정에 충실하며 커야 연애 만족도 높아

경찰대 치안정책연구소는 2022년 10대 데이트 폭력 가해자가 전년에 비해 60퍼센트 증가했다고 발표했습니다. 10대 청소년 가해자가 늘어난 이유로 여러 매체에서 폭력적인 내용을 쉽게 접할 수 있고, 성평등 교육이 부족하다는 점을 꼽았습니다.

10대 데이트 폭력 늘어

"우선 지금 너희가 이성에 관심이 많은 시기라는 것을 알고 토론을 시작하면 좋겠다. 대부분 초등학생 시기에 '2차 성징'을 겪기 때문이지. 그러니 너희 나이에 다른 사람을 좋아하는 마음이 생기는 건 자연스러운 일이란다."

> **용어 정리**
>
> **2차 성징**: 남성과 여성의 신체적인 특징이 두드러지고 성적 호기심 및 충동이 발달하는 시기를 말합니다. 보통 남성은 11세~13세, 여성은 9세~11세에 성호르몬이 급격히 증가합니다.

그때 선생님 휴대폰이 울렸다.

"선생님은 급한 일이 생겨서 이만 가 볼게. 그리고 이런 주제는 선생님이 없어야 얘기하기 편할 거야. 건전한 토론 하렴!"

선생님은 전화를 받으며 급히 학교 건물로 들어갔다. 아이들은 멀어지는 선생님에게 인사했다.

선생님이 가고 나서 지나가 말했다.

"토론 샘 말씀 들었지? 누군가를 좋아하는 건 자연스러운 감정이야. 서로 좋아하는 감정이 있다면, 그걸 억누르기보다 마음껏 표현하는 게 좋지 않겠어?"

"이 시기에 우리는 성적인 충동도 갑자기 높아지지만 감정을 조절하는 데 미숙해. 좋으면 손도 잡고 싶고, 안고 싶을 텐데 그런 충동을 제대로 조절하지 못하면 어떡해? 자칫하면 문제가 생길 수도 있어. 그럴 바에야 미리 조심하는 게 낫지."

"서로 의견을 조율하면 괜찮을 거라고 봐. 조심하느라 자연스러운 감정을 억누르면 나만 괴로워. 계속 좋아하는 사람만 생각나서 다른 일에 집중할 수 없을걸?"

지나가 초등학생이 연애를 해도 되는 이유를 설명했다.

"그리고 어차피 살면서 연애를 하게 될 텐데, 지금부터 사귀어 보면 나중에 연애가 더 수월해지지 않겠어? 연인을 대할 때 지켜야 할 예의라든가 적당한 연락 횟수 같은 사소하지만 중요한 것들은 실제로 경험해 봐야 알 수 있어. 또 이성을 만나 봐야 보는 눈도 생기지!"

"연애는 단순한 체험이 아니야. 감정을 깊이 주고받은 만큼, 나중에 헤어지면 엄청나게 힘들어. 마음의 일부가 갑자기 뚝 떨어져나가는 느낌인걸."

"헤어지면 힘든지 네가 어떻게 알아?"

"나도 해 봤으니까."

지오는 말하고 나서 귓불이 빨개졌다. 지나는 그제야 기억이 났다. 올초에 지오는 수학 학원에서 여자 친구를 사귀었다. 나름 100일도 챙겨서 잘 지내는 줄 알았는데 어느 날 갑자기 지오가 수학 학원을 안 가겠다고 생떼를 부렸다. 결국 지오는 수학 학원을 다른 데로 옮겼다. 지나는 그런 지오를 이해하지 못했다. 지나도 한때 남자 친구가 있었다. 처음에는 매일 연락을 주고받았지만 어느 순간부터 소원해졌다. 두 달쯤 되었을 때 지나가 먼저 관계를 정리했다. 허전함보다는 후련함이 더 컸다.

지오가 지나를 흘겨보았다.

"어떻게 마음이 안 아플 수가 있어? 송지나, 넌 제대로 된 연애를 한

게 아니야."

"네가 내 연애에 대해 뭘 알아! 난 너처럼 징징대지 않거든!"

"뭐라고?"

지오가 벌떡 일어났다. 벤치에 앉아 있던 지나도 일어났다. 하연이가 두 사람 사이를 가로막았다.

"얘들아, 우리는 어느 쪽이 더 좋은 선택인지 토론하고 있잖아. 감정이 앞서면 서로 기분만 상하고 토론이 되지 않아. 나는 너희가 말싸움하지 않았으면 좋겠어."

하연이가 지나와 지오를 차근차근 달랬다. 하연이 말이 맞았다. 지나와 지오는 서로 노려보다가 고개를 돌렸다. 침묵을 깨고 지오가 입을 뗐다.

"말이 심했다면 미안."

"나도."

지나와 지오는 도로 자리에 앉았다. 그때 지나의 눈에 익숙한 그림자가 들어왔다. 재준이가 옆구리에 책을 끼고 학교 건물을 나왔다. 분위기가 어색해진 참에 잘됐다 싶었다. 지나가 재준이를 부르자 재준이가 아이들 앞으로 왔다. 지나가 말했다.

"우리 토론 중인데 네 의견이 궁금해서. 바쁘지 않으면 같이 얘기할래?"

"좋아. 주제가 뭔데?"

"초등학생이 연애하는 것에 대해 어떻게 생각해?"

재준이는 한참 생각하다가 입을 열었다.

"나쁘지 않지. 인간관계에 대해 배울 수 있으니까."

재준이는 당연히 연애에 반대할 줄 알았는데 의외였다. 다들 재준이의 다음 말을 기다렸다.

"연애는 친구 관계랑 또 달라. 온종일 그 사람만 생각하고 그 사람이 하는 말이나 행동을 유심히 보게 돼. 또 상대방이랑 깊이 있게 대화하다가 나도 몰랐던 내 감정도 알게 되고. 속마음을 서로 털어놓다 보면 그 누구보다 더 끈끈해진달까. 헤어지면 슬프긴 하지만, 연애할 때만큼은 누구보다 확실한 내 편이 생기는 것 같아."

"맞아. 친구 사이에서는 기념일을 챙기지 않아. 하지만 연인 사이에는 기념일이 있어. 그만큼 각별하다는 뜻이지. 이런 건 학교에서도 가르쳐 주지 않는다고."

재준이 얘기를 듣고 지나가 덧붙였다. 지오도 고개를 끄덕였다.

"연애를 하면 관계에 대해 배울 수 있다는 건 인정해. 그렇지만 연애는 어른이 되고 나서 해도 충분하지 않을까? 친구랑 놀고 공부도 해야 하는데 연애까지 하면 시간이 부족하잖아. 내가 예전에 봤던 연구 기사가 있는데……."

지오가 말을 멈추고 휴대폰에서 기사를 검색해 읽어 주었다.

"2023년 고려대학교에서 발표한 연구를 보면, 학창 시절에 친구가 많았던 사람은 나중에 어른이 되었을 때 뇌 기능이 더 좋대. 난 예전에 여자 친구 사귀었을 때 여자 친구 만나면 친구들이 서운해하고, 친구를 만나면 여자 친구가 속상해하니까 진짜 고민 많았어."

지오 말에 다들 고개를 끄덕였다. 서로의 의견에 어느 정도 수긍이 갔다. 조금 후에 하연이가 입을 열었다.

"친구 만날 시간을 쪼개야 한다는 사실은 생각해 보지 못했네. 지오 말대로 그럴 것 같아. 주말에도 친구들이랑 놀 시간 맞추기가 어려워.

학년 올라갈수록 다니는 학원도 늘어나니까. 실은 더 고민되는 게, 고백한 사람이 나보다 오빠야. 중학교 1학년."

"그럼 더 신중해야겠는데. 자기보다 나이 많은 사람하고 연애하면 휘둘리기 쉽거든."

재준이가 손가락으로 턱을 매만지며 대답했다. 지나가 물었다.

"야, 너 찬성하는 거 맞아?"

"응. 찬성하는 건 변함없어. 하지만 조심할 건 조심해야지. 나는 연애가 처음이라 어떻게 해야 할지 잘 몰라. 근데 나보다 나이가 많은 상대방은 경험이 풍부해. 그러면 상대방이 하자는 대로 따를 수밖에 없지 않겠어? 상대의 방식이 연애의 기준이 된다고 해야 하나. 만약 상대방이 나쁜 마음을 품고 이용하면 속아 넘어갈 수도 있어. 그루밍 성범죄도 이런 점을 악용해서 벌어지는 거야."

"으으, 상상만 해도 몸서리쳐져."

지식 플러스 그루밍 성범죄

가해자가 피해자와 친밀한 관계를 맺은 뒤 피해자의 성을 착취하는 범죄를 뜻합니다. 악의를 숨기고 피해자에게 접근해서 호감을 표현하고 잘해 주면서 친분을 쌓습니다. 그러면서 서서히 심리를 지배해 성적 가해 행동을 자연스럽게 받아들이도록 길들입니다. 피해자가 거부하면 설득거나 협박하며 가해 행동을 지속하죠. 이 때문에 피해자들은 자신이 성적 학대를 당한다는 사실 자체를 인식하지 못할 수 있습니다. 보통 어린이·청소년을 타깃으로 벌이는 악질 범죄입니다. SNS, 온라인에서 접근하는 경우도 많습니다.

재준이 말을 듣고 지나가 몸을 부르르 떨었다. 얼마 전에 봤던 뉴스가 떠올랐다. 하연이가 지나에게 물었다.
　　"그루밍 성범죄가 뭐야?"

"범죄자가 악의를 품고 피해자랑 친해진 다음, 거부하지 못하도록 만들어 성범죄를 저지르는 거야. 2022년에 여성가족부에서 온라인 그루밍 성범죄에 대해 설문 조사 했는데, 우리 같은 청소년 중 10분의 1은 온라인 그루밍 성범죄를 당할 가능성이 있대! 더 심각한 건, 여성 청소년 중에 80퍼센트는 이 범죄를 모른다는 거야. 우린 이런 범죄가 있다는 사실을 분명히 알아 두고, 자신을 보호해야 해. 진짜 무서운 세상이야."

　　"그래! 10대 데이트 폭력도 늘었다고 하잖아. 송지나, 너도 봤지?"
　　지오가 이때다 싶어 물었다. 지나는 고개를 끄덕였다.

"얼마 전, 가족과 함께 TV에서 10대 데이트 폭력을 다룬 뉴스

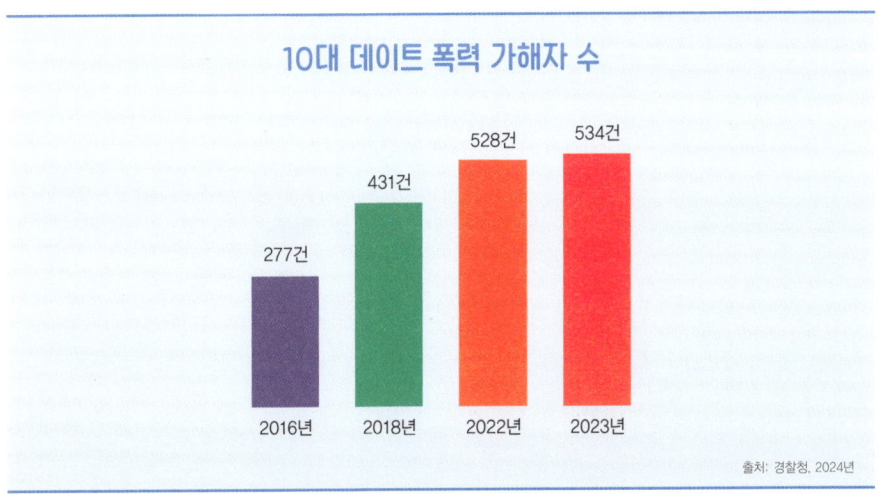

를 봤는데 2023년 10대 데이트 폭력 가해자가 2016년에 비해 2배 정도 증가했대. 심지어 2022년부터는 사법기관에서 범죄라고 인정한 가해자만 통계를 내고 있어서 실제로는 더 많을 거래."

> **용어 정리**
>
> **가스라이팅:** 타인의 심리를 교묘하게 조작해 그 사람이 스스로 인정하게 만듦으로써 상대방의 심리를 조종하는 행위를 뜻합니다.

지나는 뉴스에서 본 내용을 설명했다.

"상대방을 가스라이팅해서 폭력을 받아들이게끔 하는 경우도 있다더라. 상대방을 길들여서 범죄인지도 모르게 만든다니, 상상만 해도 끔찍하고 징그러워. 요즘은 디지털 성범죄도 많이 일어나니까 사람을 사귈 때는 늘 조심할 필요가 있어."

지나가 진저리를 치며 말했다.

"연애를 한다면 나 자신을 잃지 않는 게 중요해. 내가 싫은데 상대가

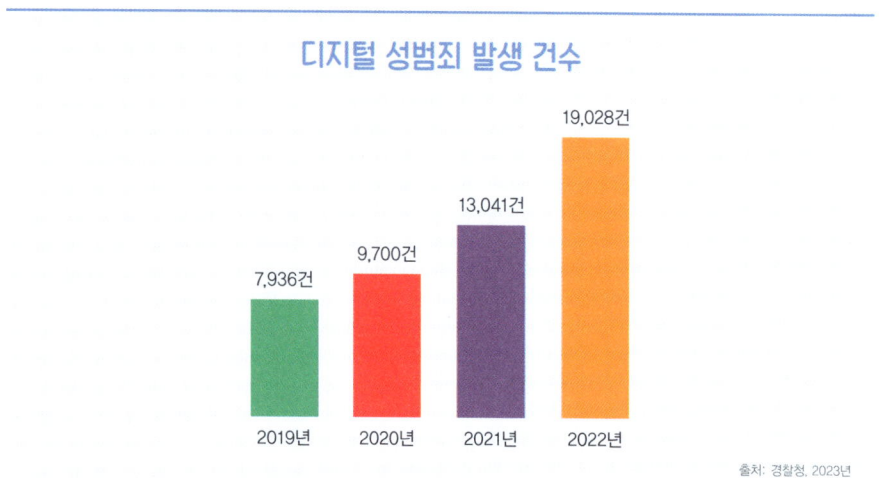

하자고 하면 싫다고 분명하게 의사를 표현해야지. 그게 불가능한 관계라면 진작 정리하는 게 맞고."

지나의 말에 다들 맞장구를 쳤다. 그러고는 생각에 잠긴 듯 조용해졌다. 한참 후에 지나가 말을 꺼냈다.

"사람마다 성향이 달라서 그런지 연애라는 주제는 쉬운 것 같은데도 은근히 어렵네."

"우리가 아직 성장하는 중이라 그런 게 아닐까? 아직 더 자라야 한다는 뜻이기도 하고. 결국은 성장기에 누군가와 깊은 관계를 맺는 게 도움이 되느냐, 아니냐의 문제 같아. 하연아, 너는 어떻게 할 거야?"

재준이가 하연이에게 질문했다. 세 사람이 하연이를 쳐다보았다. 하연이가 주먹을 쥐고 말했다.

"결심했어. 나는 사귀지 않을 거야. 역시 오빠들이 더 좋아."

"오빠들이라니?"

"트리보이즈 오빠들 말이야. 고백한 오빠보다 트리보이즈가 더 좋아. 트리보이즈 오빠들보다 더 좋은 사람이 생기면 그때 사귀어 볼래."

하연이가 볼을 붉혔다. 뜻밖의 말에 지나는 웃음이 나왔다.

"뭐야, 우리가 열심히 토론했더니."

"너희 얘기를 들으니까 내 마음이 중요하다는 걸 알게 됐어. 그 오빠가 잘생겼고 인기도 많거든. 좋아한다는 마음보다는 호기심이 더 컸던 것 같아. 엄청 고민되었는데 고마워."

"그래. 너한테 도움이 되었다면 그걸로 됐지."

하연이 말에 재준이가 어른스럽게 대답했다. 그때 5교시 시작종이 울렸다. 지오가 일어나면서 엉덩이에 묻은 흙을 털었다.

"안 사귀는 거니까 내가 이긴 거다, 송지나. 이따가 아이스크림은 네 돈으로 먹는 거지?"

"송지오 엄청 치사하네. 토론에서 이기고 지는 게 어딨냐?"

지오와 지나가 티격태격하면서 학교 건물로 들어갔다. 재준이는 빌려 온 책을 들춰 보며 걸음을 옮겼다. 하연이는 가벼워진 발걸음으로 계단을 올라갔다.

토론의 쟁점을 정리해 볼까요?

 지나 재준   지오

연애는 초등학생에게 이롭다	연애는 초등학생에게 아직 이르다
좋아한다는 자연스러운 감정을 마음껏 표현할 수 있다.	이성에 대한 충동을 조절하기 어려워 문제가 발생할 수 있다.
나만의 이성관을 일찍 정립할 수 있다.	헤어지면 몹시 힘들고 친구들과 어울릴 시간이 부족하다.
관계에 대해 배우는 기회가 된다.	범죄에 노출될 위험이 있다.

선행 학습이 학업에 도움이 될까?

지오는 도서실 테이블에 고개를 박고 문제집을 풀었다. 집중하느라 재준이가 자기 옆자리에 앉은 줄도 몰랐다. 재준이가 문제를 푸는 지오를 지켜보다 물었다.

"저기……."

"앗, 깜짝이야!"

"문제 푸는데 미안. 저번에 네가 이용한다는 영어 단어 앱 나도 알려 줄래? 나도 영어에 좀 관심 있어서."

재준이 말에 지오가 문제집을 덮고 가방을 뒤적거렸다. 지오 문제집 표지를 본 재준이 눈이 동그래졌다.

"중학교 1학년 수학을 지금 푼다고?"

"학원 숙제야. 초등학교 졸업하기 전에 중1 수학 끝내야 한다고 진도 빨리 나가고 있어. 으으, 졸리다."

지오가 기지개를 쭉 켰다. 컴퓨터 앞에 앉아 있던 토론 샘이 물었다.

"요즘 지오가 엄청 피곤해 보이더라. 숙제하느라 그러니?"

"네, 다 하면 새벽 1시가 넘어요. 하아암!"

지오가 벌어지는 입을 손으로 막았다. 옆에서 지나가 고개를 저었다.

"선생님, 송지오는 학원을 많이 다녀서 더 그래요. 영어, 수학, 역사, 논술에 피아노랑 검도까지 다닌다니까요. 엄마가 피곤하면 학원 그만두라고 했는데도 싫대요."

하연이가 지오가 다니는 학원 개수를 손가락으로 세어 보고 눈이 동그래져서 물었다.

"학원을 왜 그렇게 많이 다녀?"

"다 필요하니까. 배우는 게 재미있기도 하고. 선행 학습을 안 하면 중학교 들어가서 내신 점수 잘 받기 어렵대. 나는 빠른 편도 아니야. 초등학교 졸업하기 전에 중학교 3학년 수학을 끝내는 애들도 있어."

"중학교 수학은 중학교 올라가서 배워도 되지 않나. 우리나라 사교육은 과해서 문제야."

"그렇다고 무시할 수는 없지. 우리에게 닥친 현실이니까."

재준이와 지오가 나누는 대화를 들은 선생님이 아이들이 모인 테이블에 앉으면서 말했다.

"두 사람 의견이 팽팽하네. 그럼 오늘은 선행 학습에 대해 얘기해 볼까?"

토론을 시작하기 전에!

선행 학습은 필요하다

2023년 리서치 전문기관에서 초등학교 1학년 학부모 1만 1,000명을 대상으로 조사한 결과, 학부모 10명 중 6명 이상은(65.5퍼센트) 자녀가 초등학교에 입학하기 전에 사교육을 시작했다고 답했습니다. 그 이유로 '선행 학습을 시키기 위해서'가 41퍼센트로 가장 많았습니다.

다수가 초등 입학 전에 선행 학습 해

학부모들은 자녀가 초등학교 입학 전에 최소한 한글은 떼야 한다고 입을 모읍니다. 초등학교 교과서는 '아이들이 한글을 안다는 전제하에 교육을 진행한다'는 의견이 지배적입니다. 시민단체 '사교육걱정없는세상'이 실시한 설문 조사에 참여한 초등 교사 10명 중 7명이 '초1 수학 교육과정이 한글 기초교육과 맞지 않는다'고 응답했습니다.

초등 입학 전 한글은 익혀야 해

교육 전문가들은 적당한 선행 학습은 도움이 된다고 말합니다. 한 과학 전문 학원 원장은 학생이 욕심을 낸다면 1년 정도 앞선 선행 학습은 변별력을 키워 준다고 조언했습니다. 또한 어느 입시 전문가는 대학 입시를 위해 선행 학습과 심화 학습은 필수이며, 학생이 기본 개념을 잘 익혔을 경우 한 학기 정도 선행 학습 하기를 권했습니다.

적당한 선행 학습은 학업에 도움 돼

선행 학습은 필요 없다

많은 학생이 학업으로 스트레스에 시달리고 있습니다. 2022년 '사교육걱정없는세상'에서 초중고생 5,000여 명을 대상으로 조사한 결과, 응답자의 51.4퍼센트는 경쟁과 대학 입시로 고통받은 적이 있다고 답했습니다. 또한 54.4퍼센트는 선행 학습 문화가 경쟁을 부추긴다고 응답했습니다.

선행 학습으로 학업 스트레스 커

학부모들은 경제적으로 부담스럽지만 선행 학습을 위해 자녀에게 사교육을 시키고 있습니다. 2023년 '사교육걱정없는세상'의 조사에 의하면 학부모 1만 1,000명 중 57.3퍼센트는 미취학 아동에게 들어가는 사교육비가 부담스럽다고 답했습니다. 특히 43.9퍼센트는 사교육을 위해 생활비를 줄인다고 답했습니다.

사교육으로 경제적 부담 커지는 학부모들

선행 학습을 받으면 수업 태도가 나빠진다는 의견이 많습니다. 2017년 교육부에서 학부모, 교사, 학생 1만여 명에게 설문한 결과, 선행 학습이 학교 수업 태도에 안 좋은 영향을 미친다는 응답이 65.3퍼센트로 절반이 넘었습니다. 특히 초등학생의 경우 72.8퍼센트로 가장 높았습니다.

선행 학습, 학교 수업에 오히려 방해돼

"일단 학원에 대해서 얘기해 보자. 다들 학원을 한두 개 이상 다녀 봤을 테니 잘 알 거야. 너희에게 학원은 어떤 곳이니?"

"엄마가 가라고 하니까 어쩔 수 없이 가는 곳이죠. 안 갈 수만 있다면 안 가고 싶어요. 앉아서 문제만 푸니까 재미없어요."

지나가 의자에 비스듬히 기대며 인상을 찌푸렸다. 하연이가 뒤이어 말했다.

"저도 문제 풀기는 따분해요. 하지만 다른 학원은 좋아요. 피아노 학원 다닌 지 5년이 넘었는데 지금도 재밌어요. 학교에서는 이런 걸 가르쳐 주지 않아요. 내가 원하는 걸 전문적으로 배울 수 있는 곳이 학원이라고 생각해요."

"학원에서는 내 수준에 맞춰서 가르쳐 줘요. 학교에서는 정해진 수업이 있고 그걸 따라가야 하다 보니 제가 부족한 부분을 집중해서 배우지 못해요. 하지만 학원에서는 나에게 맞는 교육을 따로 받을 수 있어요."

지오도 의견을 덧붙였다. 선생님이 고개를 끄덕였다.

"학원의 본질은 원하는 걸 배우는 거야. 사교육은 공교육보다 자유롭지. 내가 원하는 걸 원하는 방식으로 가르쳐 주는 곳을 선택할 수 있으니까. 그런데 우리나라는 출신 대학을 중요하게 여기다 보니 이름난 대학교에 입학하려는 경쟁이 엄청나게 심해. 그 과정……."

"맞아요! 학원은 경쟁을 부추깁니다. 학원에 다니는 아이들이 늘어나야 학원도 돈을 버니까요. 학생들에게 '더 배우지 않으면 경쟁에서 뒤처진다'고 은근히 압박해요. 제가 다녔던 학원은 방학 특강이 필수는 아니라더니, 나중에 이거 안 들으면 진도 따라가기 힘들다고 은근히 강요했다니까요."

재준이가 선생님의 말이 채 끝나기도 전에 불쑥 끼어들었다.

"하하, 재준이가 학원에 관해 할 말이 많은가 보구나. 그렇지만 다른 사람이 말하는 도중에 얘기하면 그 사람이 하고 싶은 말을 마저 하지 못한단다. 다음부터는 상대방 말이 끝날 때까지 기다려 줄래?"

"죄송해요. 이 주제에 대해 하고 싶은 얘기가 많다 보니 그만……."

재준이가 괜히 손가락으로 콧등을 매만졌다. 선생님이 싱긋 웃고는 말을 이었다.

"대학 입시 경쟁에 대비하기 위해 나온 학습 방법이 바로 선행 학습이야. 2014년에 선행 학습을 금지하는 법이 나왔지만 교육열은 여전해. 리서치 전문기관에서 초등학교 1학년생을 둔 학부모 1만 1,000명에게 물어보니 65.6퍼센트는 자녀가 초등학교에 입학하기 전에 학원을

지식 플러스 **선행 학습 금지법**

정부에서는 2014년 '공교육 정상화 촉진 및 선행 교육 규제에 대한 특별법'을 실시했습니다. 이 법은 학교에서 교과 과정보다 앞서간 내용을 시험에 출제하지 못하도록 막습니다. 또한 학원에서는 선행 학습을 한다고 광고할 수 없습니다. 그래서 일명 '선행 학습 금지법'이라고 불립니다.

지나친 선행 학습을 막기 위해 실시되었지만 여전히 선행 학습이 횡행해 법적 효과가 떨어진다는 지적이 나오고 있습니다.

학원에 대한 인식 실태 조사

초등학교 입학 전 자녀를 학원에 보내는 비중
- 보내지 않았다 34.4%
- 보냈다 65.6%

초등학교 입학 전 자녀를 학원에 보낸 이유
- 기타 35.1%
- 선행 학습 41.4%
- 불안 심리 23.5%

출처: 사교육걱정없는세상, 2023년

보냈다고 답했어. 그 이유로 선행 학습을 시키기 위해서라는 대답이 41.4퍼센트나 되었어. 그러니까 우리나라 아이들은 선행 학습을 하려고 유아기부터 사교육을 받는다는 뜻이야. 씁쓸한 일이지. 선행 학습에 대해서는 어떻게 생각하니?"

재준이가 손을 들자 선생님이 고개를 끄덕였다. 재준이가 말했다.

"선행 학습을 하면 학교 수업이 지루해집니다. 예전에 수학 학원에서 한 학기 선행 학습을 받은 적이 있는데 학교에서 아는 내용을 또 들으니까 딴생각만 났어요. 어차피 학교에서 배울 텐데 굳이 학원에서 미리 배워야 할까요? 전 시간 낭비라고 봅니다."

재준이 얘기가 끝나기를 기다리던 지오가 손을 들었다.

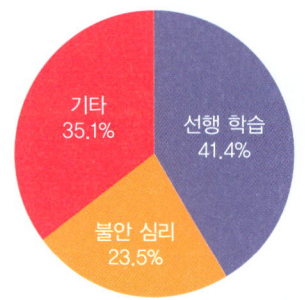"저는 원래 수학을 못했어요. 수학 문제만 봐도 숨이 막혔지요. 근데 학원에서 미리 배우니까 나중에 학교에서 수업 들을 때 편하더라고요. 아는 내용이니까 자신감이 생겼어요."

"저도 지오 말에 동감해요. 모르는 걸 처음 배우면 이해를 못 할 때가 있어요. 저도 수학 학원 다니는데요, 학원에서 먼저 배우고 나중에 학교에서 배우니까 정확히 알겠더라고요. 학교 수업만 들으면 70퍼센트만 이해했을 텐데 선행 학습으로 배우니까 90퍼센트는 이해하는 느낌이에요."

지오 말을 듣고 하연이가 덧붙였다. 듣고 있던 지나가 말했다.

"이해가 안 되는 건 복습하면 되죠. 아는 내용을 또 들으면 수업이 지루해서 학교 다니기 싫을 것 같아요. 선생님들도 선행 학습보다 복습이 더 중요하대요. 어느 기사에서 읽었는데 서울대 입학생의 84퍼센트가 복습을 확실하게 했대요."

"단순히 몰랐던 걸 아는 데서 끝나면 선행 학습 안 해도 돼요.

지나 말대로 복습으로 충분하고요. 저는 사람들이 선행 학습을 하는 이유를 따져 봐야 한다고 생각해요."

지오가 근본적인 질문을 던졌다.

"선행 학습은 당연히 성적을 잘 받기 위해 하는 거예요. 우수한 성적이 나오면 원하는 학교에 갈 수 있어요. 특히 국제학교나 외국어고, 과학고 같은 곳은 좋은 성적이 필수고요. 대학별 고사에서도 고등 교육 수준을 벗어난 문제를 출제했대요. 그러니 좋은 성적을 받고, 원하는 대학에 가려면 선행 학습이 필수예요."

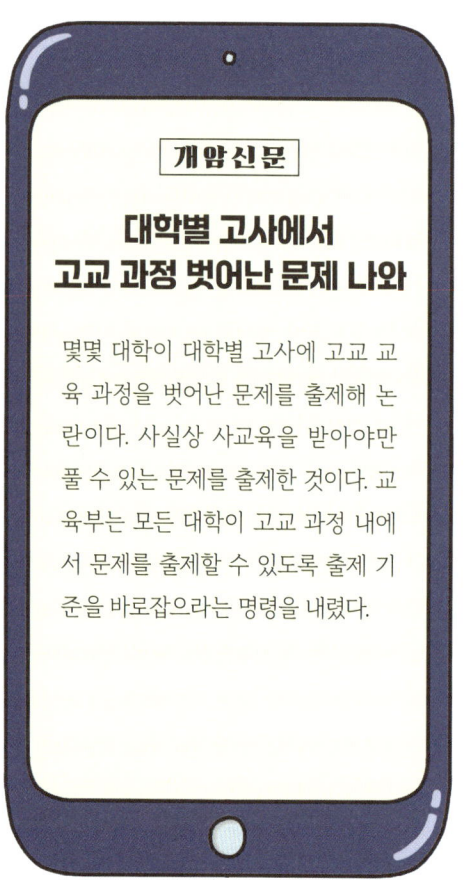

개암신문

대학별 고사에서 고교 과정 벗어난 문제 나와

몇몇 대학이 대학별 고사에 고교 교육 과정을 벗어난 문제를 출제해 논란이다. 사실상 사교육을 받아야만 풀 수 있는 문제를 출제한 것이다. 교육부는 모든 대학이 고교 과정 내에서 문제를 출제할 수 있도록 출제 기준을 바로잡으라는 명령을 내렸다.

지오가 휴대폰을 꺼내 기사를 검색해 보여 주었다.

"예전 기사지만 학원 다니는 자사고 형, 누나들 얘기 들어 보면 지금도 비슷해요. 저보고 좋은 학교 가려면 선행 학습 열심히 하라고 했어요. 저는 얼마 전에 학교에서 수학 쪽지 시험 볼 때 중학교 1학년 과정에서 배운 수학 개념으로 풀어서 맞혔어요."

지오가 말을 길게 하고 나서 숨이 찼는지 헉헉댔다. 선생님이 흐뭇하게 미소 지었다.

"토론을 거듭하다 보니 실력이 좋아졌구나. 상대방 의견에 무작정 반박하지 않고 수용하면서 자신의 의견을 주장하거나, 상대방 의견에 대안을 제시하면 논리가 더 탄탄해져. 상대방에게 새로운 방향을 보여 주면 설득력이 높아진단다."

지나는 선생님 얘기를 듣고 어깨가 으쓱했다. 도서실에서 토론을 시작하고 나서 뉴스를 꼼꼼히 보다 보니 내용이 머릿속에 더 오래 남았다. 지오는 쑥스러운지 괜히 다른 곳을 쳐다보았다.

다른 아이들의 의견을 잠자코 듣고 있던 재준이가 입을 열었다.

"선행 학습을 하기 위해서는 결국 사교육을 받을 수밖에 없어요. 그러려면 매달 교육비를 내야 하고요. 가정 형편상 사교육을 받지 못하는 학생들에게는 선행 학습 자체가 불공정한 경쟁일 뿐입니다."

재준이가 선행 학습의 또 다른 문제점을 지적했다.

"교원단체 '좋은교사운동'에서는 선행 학습이 학생들 간에 격차를 키워 문제라고 했어요. 영어 선행 학습을 받은 아이들 때문에 그렇지 않은 아이들이 3학년 때 영어를 포기해 버린다고요. 초등학교 선생님 1,300명에게 물어보니 69퍼센트가 초등학교 3학년 이전에 받는 영어 선행 학습은 부작용이 크다고 했고요. 지금도 똑같아요. 저희 반에 원어민처럼 영어 발음이 좋은 애가 있어서 비결을 물어보니까 방학마다 필리핀을 다녀온대요."

재준이가 말을 마치고 살짝 고개를 숙였다. 재준이의 얼굴에 그림자

영어 선행 학습에 대한 교사들의 인식

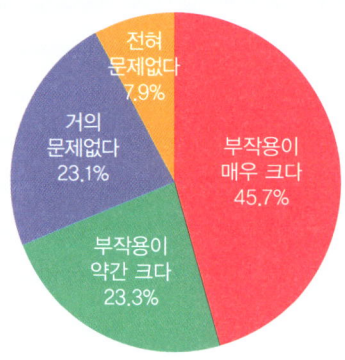

출처: 좋은교사운동, 2018년

가 드리워졌다. 재준이를 보니 지오는 마음이 좋지 않았다.

토론을 거듭하면서 매일 뉴스를 보게 된 지나는 며칠 전에 부모 소득이 높을수록 자녀의 대학 진학률이 높다는 내용의 기사가 떠올랐다.

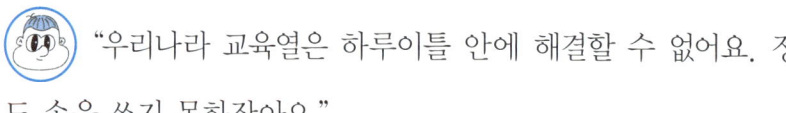 "우리나라 교육열은 하루이틀 안에 해결할 수 없어요. 정부에서도 손을 쓰지 못하잖아요."

지오가 우리나라의 교육열을 지적했다.

"그런 상황에서 원하는 대학교에 가려면 남들보다 더 열심히 공부해야 해요. 경쟁에서 원하는 걸 얻으려면 미리 공부하는 게 이득이죠. 저는 좋은 대학교에 가고 싶어요. 배울 기회가 있다면 꼭 잡을 거예요. 선행 학습은 우리나라에서 피할 수 없는 현실이에요."

"어휴, 선행 학습 때문에 받는 스트레스는 어쩌고요? 저는 요즘 이가 아파서 치과에 갔더니 의사 선생님이 평소에 이를 악물어서 그렇다고, 푹 자고 스트레스받지 않으면 낫는대요. 그리고 싶지만 숙제하다

보면 저도 모르게 이를 꽉 물어요. 남들보다 조금 더 앞서가려고 내 몸을 혹사해야 하나 싶어요."

지나가 한숨을 쉬었다. 아이들 모두 숙연해졌다. 학원 가기 싫어서, 수업 진도를 따라가느라, 배우고 싶어도 한계가 있어서 등 이유는 저마다 달랐지만 다들 학업 때문에 스트레스를 받고 있었다. 선생님도 말을 꺼내지 않고 아이들의 침묵에 동참했다.

적막을 깨고 지나가 입을 열었다.

"선행 학습은 결국 누가 하고 싶은지가 관건이네요. 당사자인 학생이 하고 싶으면 도움이 되고, 그게 아니면 힘든 것 같아요. 지오처럼 미리 배우고 싶은 친구들은 자기에게 맞는 진도로 선행 학습을 하고, 저처럼 질색인 사람은 안 하는 게 맞죠."

"그래, 선생님은 너희가 스트레스를 받지 않으면 좋겠어. 너희 나이에는 배우는 것만큼 노는 것도 중요하니까. 한창 놀고 뛰어다니고, 먹기도 잘 먹어야 몸도 마음도 쑥쑥 자라지. 너희 힘내라고 오늘은 선생님이 떡볶이 쏜다!"

"진짜요? 엄청 배고팠는데!"

지나가 큰 소리로 말해서 다들 웃었다. 어두웠던 재준이의 표정도 밝아졌다. 지오는 나중에 재준이에게 좋은 영어 문제집을 추천해 줘야겠다고 다짐했다. 다들 복잡해진 마음은 뒤로 한껏 밀어 두었다.

토론의 쟁점을 정리해 볼까요?

 지오 하연    지나 재준

선행 학습은 필요하다	선행 학습은 필요 없다
학습할 때 자신감을 키워 준다.	배움에 흥미를 잃을 수 있고 학업 스트레스가 가중된다.
우수한 성적을 내는 데 도움이 된다.	불공정한 경쟁을 조장한다.
우리나라 교육 현실상 어쩔 수 없이 해야 한다.	지나친 교육비를 써야 한다.

성장기 어린이에게
채식 급식이 필요할까?

선생님이 컴퓨터 앞에 앉아 고개를 내밀고 테이블을 바라보았다. 하연이와 재준이만 앉아 있었다. 지나와 지오는 보이지 않았다.

'오늘은 아이들이 안 오려나?'

걱정이 들던 차에 문이 활짝 열렸다. 지나와 지오가 입을 닦으면서 허겁지겁 테이블에 앉았다.

"샘, 죄송해요. 편의점 갔다 오느라 늦었어요."

지오가 말했다. 지나도 죄송하다고 인사하며 거울을 꺼내 입에 묻은 부스러기를 털었다.

"오늘따라 남매가 배고팠나 보네."

선생님이 흐뭇하게 웃으며 말했다.

"오늘 채식 데이라 급식이 부실했거든요. 학교 끝나자마자 편의점으로 달려갔다 왔어요."

"채식 데이? 그러고 보니 가끔 급식에 채소가 풍성한 날이 있던데, 오늘이 그날이었구나."

"네. 저는 채식 데이가 별로예요. 먹어도 배가 안 차요. 채식 데이만 되면 다들 학교 끝나자마자 편의점으로 가요. 저랑 지나도 그렇고요."

지오가 가방에서 노트와 펜을 꺼내면서 투덜거렸다. 옆에서 하연이가 말했다.

"나는 채식 데이 좋던데. 몸이 건강해지는 기분이야. 나 말고도 좋아하는 애들 꽤 있어."

"일주일에 한 번 정도는 괜찮아. 지구를 생각하는 시간이랄까?"

옆에서 재준이가 거들었다. 지나는 두 사람의 의견에 수긍이 가지 않았다.

"난 채식 데이에 평소보다 반찬을 더 많이 남겨서 오히려 지구한테 미안해."

"맞아. 지나는 원래 돈가스 나오면 두세 번 받아 먹는데 채식 데이만 되면 밥을 제대로 못 먹더라. 아무리 맛이 없어도 그렇지. 그렇게 많이 남기면 양심에 찔리지 않아?"

지오가 놀리듯이 말하자 지나가 옆을 홱 돌아보았다.

"그러니까 애초에 채식 데이를 안 하면 되잖아! 채소가 잔뜩 나온다고 채소가 좋아지지도 않고, 많이 먹지도 않는데 왜 하는지 모르겠어. 나만 남기는 게 아니야. 지오 너도 오늘 반찬 거의 안 먹었잖아. 내가 다 봤거든?"

이야기를 듣던 선생님이 자리에서 일어났다.

"채식 급식에 대해 의견이 다양하구나. 채식 급식은 우리 학교만이 아닌 사회의 화두야. 오늘은 채식 급식에 대해 얘기해 보자."

토론을 시작하기 전에!

채식 급식은 필요하다

2022년 한 초등학교 3학년~6학년 학생 274명에게 조사한 결과 매주 한 번 이상 채식 급식을 하는 것에 약 70퍼센트가 찬성했습니다. 이 학교에서 채식 급식을 하는 석 달 동안 육류 소비량이 한 사람당 10킬로그램 이상 줄어든 것으로 나타났습니다.

찬성률 높고 육류 소비 절감돼

채식을 하면 환경에 도움이 됩니다. '기후변화에관한 정부간협의체(IPCC)'는 영국 국민 모두가 일주일에 하루 채식을 하면 자동차 500만 대가 운전하지 않은 것과 같은 온실가스 감축 효과를 낸다고 발표했습니다.

채식은 환경 지키는 방법

중학생 A양은 채식주의자입니다. 하지만 급식 반찬 대부분에 고기가 들어가 김치랑 밥만 먹는 날이 허다하며, 볶음밥이 나오는 날에는 햇반을 따로 싸 가야 했습니다. 채식하는 자녀를 둔 학부모들은 채식 선택권을 보장해 달라고 나섰습니다. 2021년에는 '채식급식시민연대'와 함께 국가인권위원회에 채식 선택권에 관한 진정서를 냈습니다.

채식 선택권 보장해야

채식 급식은 필요하지 않다

영국 런던대학교 아동보건연구소가 폴란드에 사는 어린이 187명을 조사한 결과, 비건*을 하는 아이들은 다른 아이들에 비해 키가 평균 3센티미터 작았고, 뼈의 무기질 함량은 4퍼센트~6퍼센트 낮았습니다.

비건 고기, 달걀, 우유 등 동물성 식품을 일체 먹지 않는 채식.

완전 채식은 영양 부족해

한 언론에서 채식 급식에 대해 설문 조사 한 결과 응답자의 57.9퍼센트인 139명이 반대표를 던졌습니다. 학부모들은 채소를 싫어하는 아이들이 급식을 먹지 않고 햄버거 같은 군것질거리를 찾을 수 있다고 염려했습니다.

군것질거리에 더 노출돼

채식 급식을 하면서 음식물 쓰레기가 더 늘어났습니다. 경상남도교육청이 2021년 2학기에 채식 급식을 시작한 이후 학기당 잔반량은 3,700여 톤으로 불어났습니다. 인천의 한 영양교사는 "채식 급식날이면 아이들이 맛없다고 평가하기도 하고, 평소보다 30퍼센트~40퍼센트 정도 잔반이 더 많이 나온다"라고 말했습니다.

음식물 쓰레기 늘어나

"우선 채식에 관한 얘기부터 하는 게 좋겠다. 너희도 알다시피 채식이란 고기를 빼고 채소 위주로 음식을 먹는 거야. 흔히 고기만 안 먹는 줄 알지만 채식에는 종류가 정말 많아."

선생님이 노트북을 펼쳐 도표를 보여 주었다.

채식의 종류

	과일/곡식	채소	유제품	달걀	해산물	닭고기 등 가금류	육류
프루테리언	○						
비건	○	○					
락토	○	○	○				
오보	○	○		○			
락토오보	○	○	○	○			
페스코	○	○	○	○	○		
폴로	○	○	○	○	○	○	
플렉시테리언	○	○	○	○	○	○	○

"프루테리언은 식물의 생명도 소중하다고 생각해서 식물을 자르거나 뽑지 않아. 열매, 견과류나 곡식만 먹지. 비건은 과일과 채소 위주로 먹고, 락토는 꿀이나 유제품까지 섭취하지만 어패류, 달걀, 육류는 안 먹어. 오보는 유제품을 먹지 않는 대신 달걀은 먹는 채식주의야. 락토오보는 락토와 오보가 합쳐진 형태야. 동물에게 직접적으로 해를 가

하지 않고 자연스럽게 얻을 수 있는 음식을 먹어. 페스코는 해산물까지, 폴로는 닭고기 같은 흰색 고기까지 허용하는 것을 뜻해. 플렉시테리언은 평소에 채식을 하지만 상황에 따라 육식도 하지."

아이들이 표를 유심히 들여다보았다. 지오가 심드렁하게 말했다.

"플렉시테리언은 엄밀히 말해서 채식주의자가 아니지 않아요? 채식을 하고 싶을 때만 하는 사람 같아요."

"완전 채식이 어려운 환경에서도 채식을 실천하겠다는 의지가 강한 사람이 많아서 이런 분류가 생긴 게 아닐까 해. 식습관은 자신의 신념이나 의지에 달려 있고, 개인의 선택은 존중받아야 하니까."

선생님의 설명에 지오가 고개를 끄덕였다.

"하긴, 무엇을 먹을지 정하는 일은 무척 중요하죠. 저는 고기 없는 삶을 상상할 수 없어요. 맛있는 음식에는 다 고기가 들어가요. 치킨, 햄버거, 만두, 핫도그, 탕수육, 또 뭐가 있더라……. 여튼 고기를 먹어야 힘이 나요."

"맞아요. 우리 같은 성장기에는 양질의 단백질을 많이 먹어 줘야 해요. 책에서 읽었어요. 특히 채식을 하면 육류에 많이 들어 있는 비타민B_{12}가 부족해져서 빈혈이나 신경 손상이 올 수 있대요."

"채식이 몸에 나쁘다고 볼 수는 없어요. 수업 시간에 채식 급식에 관해 발표해야 해서 자료를 찾아봤었는데, 채식을 하면 비만과 성인병에 걸릴 확률이 줄어들어요. 2019년 미국의 PCRM이라는 의사연구팀이 채식을 하는 사람과 그렇지 않은 사람을 16주 동안 관찰했는데,

채식을 한 사람은 체중이 평균 5.8킬로그램 줄었대요. 지방은 3.9킬로그램이나 줄고요. 섬유질이 늘어나 장에 좋은 세균이 많아지기 때문이에요. 그럼 성인병을 예방할 수 있대요."

하연이가 앞에 놓인 공책을 보면서 설명했다. 지나가 옆에서 슬쩍 보았더니 채식과 환경에 대한 기사가 요약되어 있었다.

"채식이 몸에 좋은 건 성장이 끝난 어른에게 해당하는 얘기 아닐까요? 선생님이 보여 주신 자료에도 채식을 하는 사람들이 육류를 먹는 사람들에 비해 뼈가 약하다고 나오잖아요. 그건 고기에서만 풍성히 얻을 수 있는 영양소가 있다는 뜻 아닐까요? 우리처럼 키가 크는 시기에는 그런 영양소가 더 중요하고요."

"하루 세 끼 매일 채식을 한다면 그런 문제가 생길 수도 있겠지만, 채식 데이는 일주일에 한 끼예요. 일주일에 한 끼 채식을 한다고 해서 비타민이 부족해진다고 생각하지는 않아요. 다른 학교도 한 달에 두세 번 채식 급식을 하는 걸로 알고 있어요."

채식 데이는 일주일에 한 번이잖아요.

"두 사람 이야기가 흥미롭네. 건강하게 먹는 방법은 여러 가지야. 특정 방법이 모든 사람에게 들어맞지는 않지."

선생님이 사람에 따라 맞는 식습관이 있다고 지적했다.

"하연이 말대로 다른 학교에서도 채식

급식이 이루어지고 있어. 2021년 인천에서는 한 달에 2번 페스코 식단으로 채식 선택 급식을 도입한다고 했고, 전북특별자치도교육청은 일주일에 한 번 채식 위주의 급식을 운영한다고 발표했어. 2022년 서울시교육청은 채식 메뉴를 추가로 주는 '그린 급식 바'를 설치해서 학생들이 채식을 선택할 수 있게 해 주었지. 그밖에 광주, 울산, 부산 등 각 시도 교육청에서 환경 교육도 하고 학교에 채식 레시피를 나눠 주면서 채식 급식을 권장하고 있어."

 "다들 비슷한 시기에 채식 급식이 생겨났네요?"

재준이가 눈을 반짝이며 말했다.

 "그렇지. 재준이가 예리하구나."

선생님이 재준이를 돌아보았다.

 "음식 알레르기가 있는 사람이나 채식주의자는 오래전부터 있어 왔는데 왜 지금 와서야 정부에서 채식 급식을 권할까요?"

2021년 전국 초중고 채식 급식 현황

서울	모든 초중고 월 2회 '그린 급식의 날'
인천	모든 초중고 월 2회 '채식의 날', 주 1회 '고기 없는 월요일'
광주	시범 학교 대상 주 1~2회 채식 급식 제공
부산	모든 초중고 월 1회 '채식의 날' 권장
울산	모든 초중고 월 1회 'VTS DAY(채식의 날)', 주 1회 '고기 없는 날'
전북	시범 학교 대상 주 1회 채식의 날, 기존 식단에 주 2회 이상 채식 메뉴 추가

출처: 각 시도 교육청

"아무래도 기후변화 때문이 아닐까요? 기온이 급격하게 올라가 세계에서 기상 이변이 일어나고 있다고 해요. 미국은 한여름에 눈이 왔고, 우리나라는 여름이 길어지고 있어요. 인류가 온실가스를 많이 배출해서 기온이 올라갔대요. 고기를 만드는 데 온실가스가 많이 나온다고 배웠어요. 가축에게 먹일 곡물을 키우려고 아마존 땅을 갈아엎고, 가축을 잡고, 분뇨를 처리하는 과정에서 이산화탄소가 많이 배출되어 온실가스가 생긴대요."

"하연이가 잘 알고 있구나. 그런 건 어디서 배운 거야?"

선생님이 하연이 말에 주목했다.

"채식 급식에 대해 발표한 다음 이 주제에 관심이 생겼어요. 동네 도서관에서 어린이 환경 특강을 듣고 나니 채식 급식이 필요하다는 생각이 들었어요. 특강에서 식품 1킬로그램당 생산·유통되는 과정에서 발생하는 온실가스 배출량을 비교해 줬어요. 소고기는 무려 59킬로그

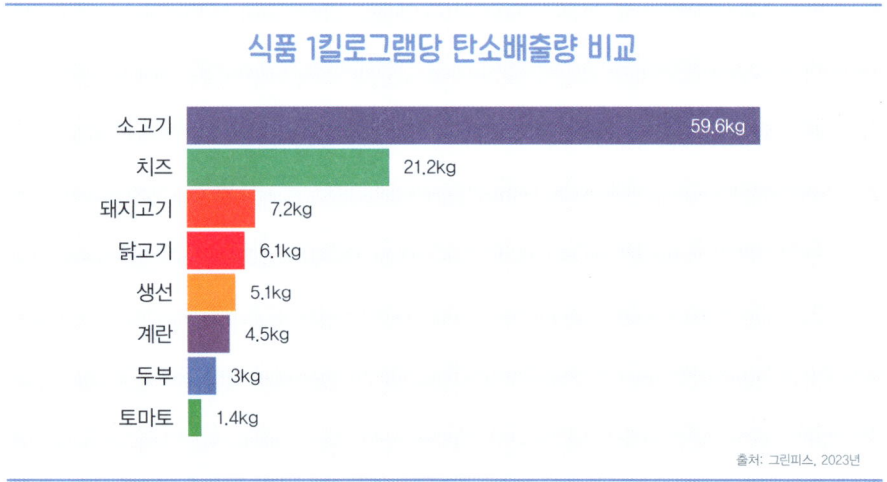

램이었는데 토마토는 1킬로그램이었어요."

"하연이처럼 확실히 알고 먹는 것과 그렇지 않은 것은 차이가 있어. 그렇기에 채식 급식을 실시하는 학교는 환경 공부를 하도록 권하지. 실제로 환경 교육을 실시한 학교는 그렇지 않은 학교보다 학생들의 채식 선호도가 더 높았어. 2021년 인천시 교육청에서 학생과 학부모, 교직원 약 1만 7,000명에게 채식 급식에 대해 물어보았더니, 식생활에 대한 환경 교육을 받은 학교에서는 83퍼센트가, 그렇지 않은 학교에서는 그보다 적은 68퍼센트가 만족했다고 대답했다는구나."

"그렇지만 채식 급식이 환경에 얼마나 도움이 되는지 모르겠어요. 제가 읽은 기사에서는 우리나라 탄소배출량에서 축산업이 차지하는 비율은 최대 5퍼센트밖에 안 된다고 했거든요."

지오가 새로운 의견을 제시했다.

지식 플러스

기후변화

단순히 말하면 지구의 기온이 변화하는 것입니다. 지구는 오랜 기간에 걸쳐 기온이 낮아졌다가 높아지기를 반복하는데요, 현재 지구의 기온이 어느 때보다 상승하고 있습니다. 기온이 높아진 까닭은 자연적인 이유와 인위적인 이유로 나뉩니다. 화산이 폭발하는 등 자연 현상에 의해 기온이 높아지는가 하면 인류가 에너지를 과하게 이용해 온실가스를 지나치게 배출해도 기온이 높아집니다.

세계기상기구(WMO)는 2022년 보고서를 발표하면서 '기후변화가 지속 가능한 발전과 생태계에 장기적으로 유해한 영향을 끼치고 있다'고 밝혔습니다. 2024년 한 방송에서는 대한민국 평균기온이 지난 100년간 1.6도 올랐으며 여름이 20일 늘어났다고 보도했습니다.

"미국 캘리포니아대학교 연구팀에서 연구한 자료에서도 고기 대체육인 배양육을 만드는 데 일반 육류보다 더 많은 탄소가 배출된다고 했어요. 진짜 채식 급식이 환경에 이롭다고 볼 수 있을까요?"

"우리나라 탄소배출량에서 축산업이 차지하는 비중이 5퍼센트라고 해도, 유엔 식량농업기구(FAO)에 따르면 전 세계 축산 농가는 매년 전 세계 탄소배출량의 20퍼센트에 달하는 온실가스를 내뿜는대요. 우리가 수입해서 먹는 고기 양과 유통하는 과정에서 발생하는 온실가스까지 생각하면 탄소배출량에서 육식이 차지하는 비중이 적다고 말할 수 없지 않을까요?"

하연이가 지오의 의견에 근거를 들며 반박했다.

"배양육에 대한 기사는 저도 읽어 봤는데 아직 검토 단계를 거치지 않은 자료이고, 무엇보다 초기 연구·생산·유통 과정을 고려한 수치이기 때문에 장기적으로 봤을 때도 그러한지는 알 수 없다고 봅니다."

"제가 채식 급식을 반대하는 이유는 솔직히 맛이 없어서예요. 학생들이 채식 식단을 싫어해서 음식물쓰레기가 더 많이 나온다면 채식 급식을 하는 의미가 없다고 봐요. 환경에 도움도 안 되고, 급식 질은 떨어지고, 음식물쓰레기를 처리하는 데 비용도 들고요."

"그러니까요! 급식이 맛있어야 학교 다닐 맛이 나는데 채식 데이에는 괜히 힘이 빠져요. 솔직히 고기 메뉴는 거의 다 맛있거든요. 탕수육, 만두, 치킨너겟 같은 거 나오면 특식 먹는 기분이에요."

"채식 급식이 맛없다고 느끼는 데에는 다른 이유도 있을 거야.

급식은 여럿이 먹기 때문에 예산과 영양소 등 여러 가지를 고민하고 연구해야 해. 그런데 채식 급식은 도입된 지 얼마 안 되었어. 그만큼 연구 시간이 짧다는 뜻이야. 그렇다 보니 일반 급식에 비해 맛이 없다거나 부실해 보일 수 있어. 이건 정책을 서둘러 진행한 부작용이라고 볼 수도 있단다."

 "뭐든 준비가 충분히 필요한 거였네요."

지나가 깨달음을 얻은 듯이 고개를 끄덕였다.

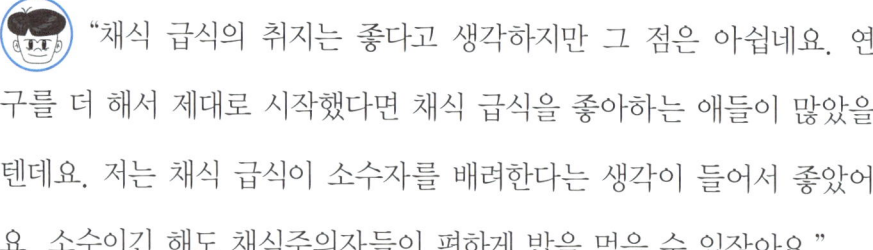 "채식 급식의 취지는 좋다고 생각하지만 그 점은 아쉽네요. 연구를 더 해서 제대로 시작했다면 채식 급식을 좋아하는 애들이 많았을 텐데요. 저는 채식 급식이 소수자를 배려한다는 생각이 들어서 좋았어요. 소수이긴 해도 채식주의자들이 편하게 밥을 먹을 수 있잖아요."

 "저희 반에는 우유 알레르기가 있는 친구가 있어요. 우유를 멀리할 뿐인데 못 먹는 음식이 생각보다 많더라고요. 빵도 못 먹고, 치즈닭갈비도 못 먹고……. 그런데 그 친구가 채식 데이에는 남기지 않고 다 먹어요. 맘 졸이지 않고 먹을 수 있어서 제일 좋대요. 그 얘기 들으니까 찡했어요."

재준이와 하연이가 이야기를 마치자 지나가 말을 이었다.

"채식 데이가 특정 식단을 학생들에게 강요하는 것처럼 느껴져요. 채식을 원하지 않는데도 채식을 먹어야 한다는 게 싫어요. 채식도 여러 식단 중 하나잖아요? 채식 데이가 있다고 육식 데이가 있지 않듯이요."

"급식에서 거의 매일 고기가 나오니까 육식 데이는 없어도 되지 않을까요?"

하연이가 반론했다.

"급식은 우리가 필요한 영양소를 골고루 섭취할 수 있도록 고민해서 만든 식단이에요. 그래서 매달 급식표도 나오고, 그 안에 어떤 식재료가 들어갔는지도 알려 주고요. 고기가 자주 나오는 건 단백질이 필수 영양소이기 때문이에요. 그러니까 급식 자체를 육식이라고 할 수는 없다고 봐요. 급식은 영양소를 고려한 보편적인 식단일 뿐이에요."

"채식 식단에는 가공식품이 덜 포함된 것 같아요. 고기가 매일 나오는 만큼 고기를 가공해서 만든 식품도 자주 나오잖아요. 하지만 가공식품은 대체로 각종 첨가물이 들어가서 우리 몸에 좋지 않아요."

"급식은 우리가 매일 먹는 식사이고, 건강과 직결되는 민감한 문제야. 결국 채식 급식이 지구와 우리 모두를 얼마나 건강하게 해 주느냐가 관건이라고 생각해. 지구를 생각한다고 급식 질을 떨어뜨리는 것도, 우리의 입맛을 위해 환경을 해치는 것도 곤란하지. 둘 다 챙기는 건 쉽지 않겠지만 지금처럼 토론을 거듭하다 보면 좋은 방안이 나오지 않을까?"

그때 꼬르륵 소리가 크게 들렸다. 하연이 얼굴이 빨개졌다.

"오늘 평소보다 말을 많이 해서 배고프네요."

"하연이가 특히 목소리를 많이 냈지. 모두 고생했으니까 오늘은 선생님이 맛있는 거 쏠게. 채식 피자 어때?"

"아우, 샘! 또 채식이에요?"

"피자라면 나쁘지 않은데요."

아이들이 배달 앱을 켠 선생님 곁으로 눈을 반짝거리며 모여들었다.

토론의 쟁점을 정리해 볼까요?

 하연 재준    지나 지오

채식 급식은 필요하다	채식 급식은 필요 없다
적당한 채식은 건강에 좋다.	성장기에 양질의 단백질을 섭취하는 데 방해가 된다.
동물권과 환경에 이롭다.	급식 질이 떨어질 수 있다.
소수자의 권리를 보장한다.	소수를 위한 특정 식단을 학생들에게 강요한다.

랜선 친구, 실제로 만나도 될까?

"미쳤어? 절대 안 돼!"

지오가 날 선 소리로 외쳤다. 책상에서 각자 할 일을 하던 하연이와 재준이가 깜짝 놀라 고개를 들었다. 그동안 쌍둥이 남매 사이에서 소리치는 쪽은 언제나 지나였다. 지오가 흥분하는 건 처음 보는 광경이었다. 지오가 팔짱을 끼고 으름장을 놨다.

"만나러 가면 부모님께 다 말씀드릴 거야."

"치사하게 그런 게 어딨냐? 비밀 지켜 준다고 해서 말한 거 아냐!"

지나가 입을 삐죽거렸다. 보다 못한 하연이가 나섰다.

"대체 무슨 일인데?"

"송지나가 이따 SNS에서 알게 된 사람을 만나러 간다잖아. 그 사람이 누군지 알고 만나냐? 유괴범이면 어떡할 건데!"

"어제 중고 물품 앱에서 만난 사람이랑 거래하고 왔다며. 그거랑 이거랑 뭐가 달라? 그 친구가 얼마나 착한데! 내 말도 많이 들어 준단 말이야. 요즘 만나는 친구들 중에서 가장 친하다고."

"얼굴도 모르는 사람이랑 어떻게 친구가 돼? 있을 수 없는 일이야."

하연이가 정색했다. 듣고 있던 재준이도 얼굴을 긁적였다.

"모르는 사람이랑 친구로 지내기는 어렵지. 그렇지만 마냥 단점만 있지도 않은 것 같은데……."

갑자기 똑똑 하고 문 두드리는 소리가 났다. 네 사람이 일제히 문을 쳐다보았다. 문이 열리자 단발머리를 한 여자아이가 고개를 내밀었다.

"여기 재준이 오빠 있어요?"

재준이가 급히 자리에서 일어났다.

"재윤아, 먼저 집에 가라고 했잖아."

"집에 가면 아무도 없어. 오늘 학원도 쉬는 날이라 심심해. 여기가 오빠가 맨날 친구들이랑 토론하는 장소야? 나도 같이 있으면 안 돼? 오빠 얘기 듣고 나도 같이 토론해 보고 싶었단 말이야."

처음 보는데도 재윤이의 태도는 짐짓 당당했다. 재준이가 난처한 표정으로 친구들을 바라보았다. 다들 고개를 끄덕였다. 지나가 재윤이를 향해 손짓했다.

"괜찮으니까 들어와. 네가 재준이 동생이구나. 어쩐지 처음 보는 얼굴인데 낯설지 않아."

"고마워. 오빠가 하도 친구들이랑 토론하는 게 재밌다고 자랑해서 궁금했어. 이번에는 무슨 주제로 토론하고 있었어? 말소리가 막 크게 들렸거든."

"온라인에서 사귄 친구를 만나도 될지 얘기했어. 실은 내가 최근에 온라인 커뮤니티에서 한 친구를 알게 되었는데 오늘 만나기로 했거든."

"오! 난 찬성이야. 재미난 사람들이 인터넷에 많아."

"그래? 갑자기 반갑네."

재윤이 말을 듣고 지나의 표정이 밝아졌다. 지오가 고개를 저었다.

"나는 반대야. 조금이라도 위험하다면 애초에 차단하는 게 맞아."

"나도 그렇게 생각해."

하연이 말을 듣고 재준이가 나섰다.

"그럼 이번에는 우리끼리 이 주제에 대해 얘기해 보는 게 어때? 오늘은 내가 토론 샘 대신 사회 볼게. 사실 나는 이 주제에 찬성도, 반대도 아니거든."

"재준이가 사회를 본다면 믿음이 가지. 그럼 내가 찬성 자료를 찾을게."

"나도 좋아."

지나의 대답에 하연이도 동의했다. 지오가 휴대폰을 꺼내며 말했다.

"반대 자료는 내가 찾아볼게."

두 사람이 부지런히 자료를 찾아 친구들에게 보여 주었다.

> 토론을 시작하기 전에!

온라인에서 친구를 사귀어도 좋다

12살 A군은 공원에서 낯선 친구들을 만났습니다. 포켓몬 고 게임에 나오는 희귀 포켓몬을 잡기 위해서입니다. A군은 커뮤니티에서 알게 된 게임 친구들을 처음 만나 포켓몬도 잡고 포켓몬 교환도 했습니다.

관심사 나눌 친구 쉽게 만날 수 있어

한국인공지능윤리협회에서 2021년 초등학생을 대상으로 조사한 결과 초등학생 10명 중 9명은 메타버스를 이용했습니다. 메타버스에서 주로 하는 일 1위는 게임(39퍼센트), 2위는 아는 친구 만나기(22퍼센트)였으며, 모르는 친구 사귀기(6퍼센트)도 있었습니다.

초등학생 대부분 메타버스 이용

미국에서는 16살 청소년 절반 이상이 메타버스 플랫폼 '로블록스'를 이용합니다. 또한 10대의 52퍼센트는 현실보다 로블록스에서 친구를 사귀고 소통하는 데 더 많은 시간을 보낸다고 합니다.

10대, 온라인에서 활발히 소통해

온라인에서 친구 사귀기는 위험하다

13살 B양은 메타버스 플랫폼 '제페토'에서 나이가 같은 동년배 친구를 사귀었습니다. 하루는 친구가 연락처를 교환하자고 해서 스마트폰 번호를 주었는데 낯선 남자에게 전화가 와서 황급히 전화를 끊고 수신을 차단했습니다.

신분 속이는 경우도 있어

2021년 20대 남성이 SNS에서 수개월 동안 자신을 중학생 언니로 속이고 초등학생 여자 어린이를 밖으로 꾀어내었다가 경찰에 체포되었습니다. 경찰은 이처럼 SNS로 미성년자에게 접근해 납치하거나 돈을 뜯어내는 식의 범죄가 늘고 있다고 밝혔습니다.

SNS 통한 사기 범죄 늘어나

아동·청소년 시기에는 또래와의 상호작용을 통해 사회성을 키우고 정서적으로 성장하는 것이 중요합니다. 한국아동청소년심리상담센터는 소통의 기회가 더 적은 온라인상에서만 친구를 찾으면 사회성이 떨어질 수 있다고 지적했습니다.

사회성 기르기 힘들어

"온라인에서 만난 친구를 '랜선 친구'라고 부른대. 이런 개념이 생겼다는 건 그만큼 많은 사람이 온라인에서 친구를 만난다는 뜻이야."

재준이가 자료를 살펴보다 설명했다.

"누구나 스마트폰을 갖게 되면서 우리는 매일 온라인 세상과 맞닿아 살고 있어. 그러다 보니 온라인에서 맺는 인간관계도 중요해졌지. 이런 일은 앞으로 더 늘어날지도 몰라. 이번 기회에 토론하면서 랜선 친구를 사귀는 것에 대해 생각해 보면 좋겠어."

지나가 먼저 입을 열었다.

"내가 이번에 만나기로 한 친구는 우리 동네에서 차로 한 시간이

지식 플러스 | 랜선 친구

커뮤니티나 SNS 등 온라인에서 만난 친구를 가리키는 말입니다. 인터넷 선인 '랜선'을 타고 만나는 친구라는 의미입니다. SNS, 유튜브 등 1인 미디어가 발달하면서 사람들은 온라인에서 사람을 만날 기회가 크게 늘었습니다. 온라인에서 인간관계를 맺는 경우도 덩달아 증가했습니다. '랜선 친구'는 이런 흐름에서 나온 신조어입니다. 비슷한 신조어로 직접 돌보지는 않지만 SNS나 커뮤니티에 올라온 반려동물이나 아기 페이지를 구독하고 이들의 영상이나 사진을 즐겨 보며 애정을 갖는 사람을 뜻하는 '랜선 집사' '랜선 이모' 등이 있습니다.

나 떨어진 곳에 살아. 그런데 사소한 것까지 엄청 잘 맞아! 늦게까지 침대에서 뒤척이는 것도, 강아지를 무서워하는 것도 같아. 뉴스 얘기까지 통한다니까? 주변에서만 친구를 찾았다면 이렇게 말이 잘 통하는 친구를 사귈 수 있었을까 싶어."

"어디서 알게 된 친구인데?"

"개암뉴스 홈페이지 어린이 자유게시판 코너에서 알게 됐어. 나처럼 댓글을 자주 다는 애가 있더라고. 처음엔 서로 인사만 주고받다가 SNS 아이디를 교환했지. 그러고 나서 엄청 빨리 친해졌어."

재준이가 묻자 지나가 신이 나서 대답했다. 재윤이가 덧붙였다.

"지나 언니 말처럼 온라인에서는 친구를 다양하게 사귈 수 있어서 좋아. 나도 자동차 레이싱 게임 하다 친해진 사람들이 있어. 동갑도 있고, 언니도 있는데 가끔은 학교 친구들한테 말하지 못했던 고민도 털어놔."

"얼굴도 본 적 없는데 100퍼센트 믿기는 어렵지 않을까? 실제로 보지 않으니까 마음만 먹으면 나이나 성별을 속일 수 있잖아."

지오가 말을 마치자 하연이가 덧붙였다.

"나도 지오 의견에 동의해. 예전에 나한테 말 걸었던 아저씨 때문에 SNS 접었다고 했잖아. 그 사람도 처음에는 나랑 동갑이고 같은 학교라고 속였어. 그때는 학기 초라 친구를 새로 사귀기 힘들어서 고민을 털어놨는데 알고 보니까 같은 학교도 아니고 나보다 나이도 훨씬 많았어. 친해지고 싶어서 나이를 속였다나 뭐라나. 소름 끼치고 싫었어. 허탈하고 화도 나고……."

하연이의 얘기를 듣고 모두가 잠시 말을 멈추었다. 하연이가 부모님과 상의해 SNS를 탈퇴했다는 사실은 알았지만 이런 사연이 있는 줄은 몰랐다.

재준이가 네 사람 사이의 적막을 조심스럽게 깼다.

"마음을 연 사람에게 배신당했으니 진짜 속상했겠다. 2024년 경기도 디지털 성범죄 피해자 원스톱 지원센터는 2023년 디지털 성범죄 피해자 중에서 10대가 가장 많다고 발표했어. 그만큼 범죄자들이 10대를 만만하게 여기고 접근한다는 뜻 아닐까? 어린 나이에 끔찍한 일을 겪으면 상처를 치유하기까지 오래 걸린대. 상대를 직접 보지 못하니까 온라인에서 사람을 만날 때는 어느 정도 주의해야 할 것 같아."

"온라인이 사람을 속이기 쉬운 환경이긴 해. 그렇지만 온라인이라는 공간 자체가 문제라기보다 그 사람의 문제 아닐까? 나쁜 사람은 SNS든, 현실에서든 속일 수 있잖아."

재준이 말이 끝나자 재윤이가 손을 들고 말했다.

"눈에 보이지 않는다는 점에는 양면이 있어. 나는 평소에 고민을 잘 털어놓지 않는 편인데 게임에서 만난 사람들한테는 말하게 돼. 오히려 멀리 사니까 편하달까? 내 고민이 주변에 퍼질 염려도 없고."

🧒 "맞아. 주변 친구들한테는 못 하는 말도 편히 하니까 좋아. 나는 그 친구랑 뉴스에서 봤던 주제로 얘기하는데 속이 다 후련했어. 학교에서 뉴스 얘기하면 아는 척한다고 애들한테 눈총만 받거든. 그러다 보니 학교에서는 내 관심사를 다 말하지 않아."

👦 "우리가 범죄의 피해자가 될 수 있다는 게 제일 큰 문제야. 일반적인 관계에서 속고 속이는 일은 맘 상하는 걸로 끝나지만, 범죄를 저지를 목적으로 나에게 접근하면 상황이 달라지지."

지오가 지나의 말에 반박했다.

👦 "어떤 사람이 랜선에서 사귄 남자 친구 부탁을 받고 물건을 전달하는 심부름을 했는데, 알고 보니 보이스피싱으로 사기 쳐서 받은 돈이었대. 내 잘못도 아닌데 경찰서에 가야 하고, 속아서 돈을 뜯길 수도 있고, 심각하게 다칠 수도 있어. 그런 위험을 안고 랜선 친구를 만날 이유가 있을까? 송지나, 너는 그런 뉴스 본 적 없어?"

지오의 질문에 지나는 입술을 말아 넣었다. 지나도 그 뉴스를 본 적이 있다. 랜선 연애를 가장해 돈을 뜯어내거나 마약 거래를 시키는 사건이었다.

🧒 "물론 위험하겠지만 학교가 아닌 곳에서 친구를 사귀려면 온라인밖에 없어. 현실에서는 친구 사귈 시간도 부족하고. 솔직히 너희는 학교 친구랑 얘기할 시간이 있어? 학교 친구랑 오래 수다 떨

> **용어 정리**
>
> **보이스피싱**: 개인정보(private data)와 낚는다(fishing)의 합성어로, 피해자를 협박해 개인정보나 돈을 뜯어내는 수법을 말해요.

시간이 없어. 학교 끝나면 다들 학원 가잖아."

"그건 그렇지"라며 모두 고개를 끄덕였다. 대체로 스케줄은 비슷했다. 학교 끝나면 학원에 갔다가 저녁이 다 되어서 집으로 돌아갔다.

"학교 밖에서 친구를 만나니까 인간관계의 폭이 넓어지는 기분이야. 가까이 사는 친구보다 말도 더 잘 통하고. 지오 의견대로 온라인에서 친구를 사귀면 위험도 따라오지. 그렇다고 아예 차단하면 좋은 친구를 만날 기회도 놓치는 거야."

지나가 자신 있게 말을 마치자 하연이가 입을 열었다.

"주기적으로 얼굴을 보지 못하는 친구 관계가 얼마나 오래갈지 모르겠어. 눈에서 멀어지면 마음에서도 멀어진다는 말이 있잖아. 작년에 같은 반이라 친했던 친구들도 학년 올라가서 다른 반이 되면 사이가 저절로 멀어지는데 얼굴 한번 못 본 친구랑 계속 친하게 지낼 수 있을까? 마음이 통해도 오래가기 어려울 것 같아. 지나는 온라인에서 그 친구 사귄 지 얼마나 되었어?"

"한 3개월 넘었을걸? 그래서 더 만나 보고 싶어. 채팅만 하니까 한계가 있는 것 같아."

지나도 그 점은 생각해 보지 못했다. 하연이 얘기를 들으니 지나는 머릿속이 복잡해졌다.

"오빠 말대로 우리는 온라인 세상을 살고 있어. 학교 수업도 온라인으로 듣고, 중학교 올라가면 인터넷 강의도 계속 들을 거야. 소통의 반은 현실에서, 반은 온라인에서 하는 세상인데 랜선 친구를 사귀는 건 자연스러운 일 아닐까?"

"여기서는 나를 사회자로 불러야 해."

재준이가 재윤이에게 속삭였다.

"장점과 단점이 분명해서 토론이 팽팽하다. 내가 재미있는 설문 조사를 찾아서 소개할게. 대학내일이라는 매체에서 설문 조사를 했는데, Z세대 5명 중 1명은 SNS 팔로워를 친구로 생각한대. 어려서부터 온라인 세상과 SNS 이용에 익숙해서 거기서 만난 사람에게 쉽게 마음을 연다는 거야."

재준이는 목소리를 가다듬으며 아이들을 둘러보고 말을 이었다.

"2010년 이후에 태어난 우리에게 물어보면 SNS 팔로워를 친구로 여긴다는 대답이 Z세대보다 더 많겠지? 우리처럼 아주 어렸을 때부터 디지털 기기와 온라인 환경을 접한 세대를 '디지털 네이티브'라고 불러. 어쩌면 이런 소통 방식이 생겨난 건 우리가 디지털 네이티브여서 그런 게 아닐까?"

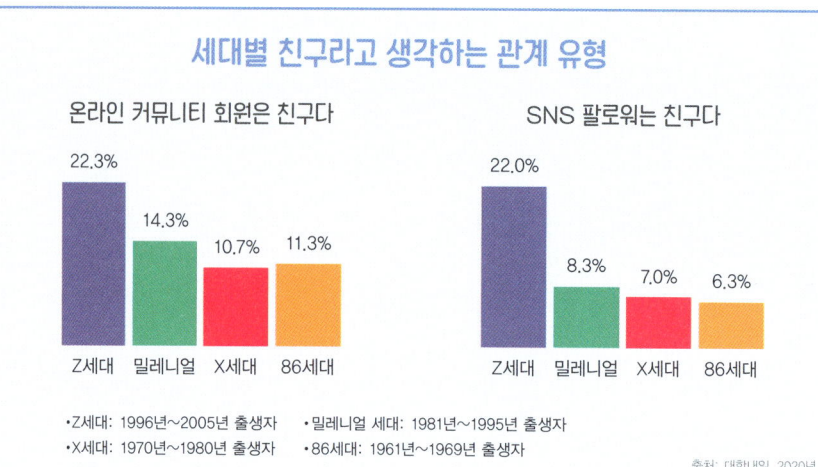

지오가 좋은 생각이 떠오른 듯 들뜬 목소리로 말했다.

"온라인에서 만난 친구도 장점은 있으니까 현실에서 만난 친구는 현실에서 만나고, 온라인에서 만난 친구는 온라인에서만 만나면 되겠다. 범죄를 당할 걱정도 없고 말이야. 어차피 얼굴을 모르니까 나도 부담 가지지 않고 온라인에서 편히 대하면 되잖아. 굳이 현실에서 만나야 해?"

"친구면 똑같이 친구지, 뭘 그렇게 선을 그어?"

지나가 인상을 썼다.

"범죄 가능성이 있으니까 그렇지. 우리는 초등학생이야. 어른들도 당하는데 우리는 넘어가기 더 쉽겠지. 그래서 더 조심해야 해. 요새 초등학생을 대상으로 하는 범죄가 얼마나 많은데! 토론을 그렇게 했는데도 몰라?"

지오의 타박에 지나의 눈꼬리가 올라갔다. 남매의 표정을 보고는 재준이가 나섰다.

"감정적으로 대화하면 서로 기분이 상할 수 있으니까 그런 말은 자제하자. 우리가 토론하는 이유는 누가 더 옳은지를 판가름하려는 게 아니라 생각을 키우기 위해서니까."

"나는 지나의 마음도 이해가 되지만, 지오 의견도 무시할 수 없다고 봐. 나도 내가 그런 일을 당할 줄 몰랐거든. 범죄 가능성이 있다면 조심하고 또 조심해야 해. 온라인에서 만난 친구를 현실에서 만나면 오히려 실망할지도 몰라. 마음 맞는 친구를 잃으면 그건 그거대로 속상하잖아."

하연이가 조심스레 의견을 보탰다. 지나는 입술을 내밀었다. 두 사람의 말을 듣고 심란해졌다. 랜선 친구를 만난다는 생각에 들떠 있었지, 그 부분까지는 고려하지 않았다.

지식 플러스

디지털 네이티브

태어나면서부터 디지털 기기와 온라인 환경을 접해 온 세대를 뜻합니다. 2001년 미국 교육학자 마크 프렌스키가 처음 사용했어요. 디지털 네이티브는 다른 일을 하면서 SNS로 대화하는 게 자연스럽습니다. 쉽게 말해 멀티태스킹을 자유자재로 하죠. 가령, 인터넷 강의를 들으면서 인스타그램에 공감을 누르고, 카카오톡에 답장하는 게 익숙합니다. 이들은 온라인 공간에서 활발히 소통하며 이곳에서 트렌드를 만들기도 합니다. 또한 이들 세대는 어려서부터 AI 스피커와 소통한 경험이 있습니다. AI 사용에 거부감이 없고 자연스럽게 받아들인다는 특징이 있습니다.

하연이가 말했다.

"그럼 이렇게 하는 건 어때? 지나가 친구를 만나는 장소에 다 같이 가보는 거야."

"나는 그 친구랑 둘이서만 보기로 했는데."

"우리는 다른 테이블에 앉으면 되지. 만약에 지나가 위험에 처하면 우리가 바로 신고하고. 어때?"

하연이가 모두를 쳐다보며 물었다. 지오가 고개를 끄덕였다.

"좋아! 그 생각을 왜 못했지? 하연아, 고마워. 송지나, 우리가 다 같이 간다는데 이걸 거부하지는 않겠지? 그럼 나도 부모님께 말씀 안 드

릴게. 재준이랑 재윤이는 어때?"

"나도 오늘 잠깐 시간 돼. 재윤이도 그렇고. 재윤아, 조용히 있을 자신 있지?"

"그럼! 나도 따라갈게. 토론하다 보니까 언니도 조금 걱정되고, 궁금하기도 하고……."

네 사람이 지나를 쳐다보았다. 지나가 자리에서 일어났다.

"알겠어. 그나저나 지금 시간이 촉박해. 얼른 일어나서 나가야 한다고."

"그래, 다 같이 나가자."

네 사람이 모두 도서실을 나왔다. 토론 샘이 오지 않은 게 의아했지만 다들 지나의 랜선 친구가 진짜일까 하는 궁금증에 토론 샘 생각은 뒤로 미루었다.

지나가 랜선 친구와 만나기로 한 곳은 학교 근처에 있는 카페였다. 지나가 문가에 앉고 네 사람은 지나의 뒤통수가 보이는 옆옆 테이블에 앉았다. 시간이 조금 지나자 지나가 낯선 사람을 보고 수줍게 웃으며 손을 흔들었다. 단발머리를 한 아이는 자신과 비슷한 외모의 아주머니와 같이 왔다. 아주머니는 지나와 인사를 나누고 카페에서 음료를 계산해 준 다음 다른 자리로 가서 앉았다.

지오는 안도의 한숨을 내쉬었다. 재준이가 낮은 목소리로 속삭였다.

"저 친구는 엄마랑 같이 온 것 같아. 다들 비슷한 걱정을 했나 봐."

"그러게. 지나는 좋겠다. 온라인에서 좋은 친구를 만나고……."

하연이가 씁쓸하게 웃었다. 하연이의 하소연을 듣지 못한 지오는 마음을 쓸어내리며 음료를 마셨다.

토론의 쟁점을 정리해 볼까요?

 지나 재윤　　　　　　　　　　　　 하연 지오

온라인에서 친구를 사귀어도 좋다	온라인에서 친구를 사귀면 위험하다
다양한 지역에 사는 친구를 사귈 수 있어 인간관계의 폭이 넓어진다.	온라인상에서 상대방이 얼마든지 자신을 속일 수 있다.
소문이 퍼질 걱정 없이 학교 친구보다 더 깊은 얘기를 나눌 수 있다.	범죄에 휘말릴 수 있다.
우리는 이미 온라인 세상을 살고 있어 랜선 친구를 사귀는 일을 피할 수 없다.	관계를 지속하기 어렵다.

중학생이 되면 교복을 입어야 할까?

 지나가 도서실 문을 열자 말소리가 들려왔다. 지나와 지오가 들어온 줄도 모르고 하연이와 재준이가 대화를 나누었다. 평소 같으면 떨어져 앉아 각자 할 일을 했을 두 사람이 이번에는 나란히 앉아 옥신각신하고 있었다.
 "넥타이가 단정하지."
 "리본이 예뻐."
 하연이가 재준이 말을 받아쳤다. 지나가 두 사람 맞은편에 앉자마자 재준이가 물었다.
 "네가 보기에도 나무중학교 교복이 예뻐?"
 "음, 그렇긴 하지."

지나가 얼결에 대답했다. 나무중학교는 이 근처에서 교복이 제일 좋기로 이름난 곳이었다. 유명 디자이너가 만들어 예쁘고 편하다는 평이 자자했다. 여자 교복에는 넥타이 대신 푸른 리본이 달려 있었다.

"그래? 나는 문화중학교 교복이 깔끔해서 좋던데. 지나야, 너는 둘 중에 어느 학교 교복이 좋아?"

재준이가 묻자 지나가 얼굴을 긁적이며 대답했다.

"글쎄, 나는 교복 자체가 마음에 들지 않아서."

"나도. 왜 입어야 하는지 모르겠어."

지오가 지나의 말에 공감을 표했다. 모처럼 의견이 맞아서 지나는 지오를 신기하게 쳐다보았다.

"교복은 경제적이잖아. 아무래도……."

재준이가 말하려는데 문이 열렸다. 토론 샘이 들어왔다. 재준이는 하던 말을 멈추고 선생님에게 인사했다. 인사를 받는 선생님의 표정이 그리 밝아 보이지 않았다. 지나가 물었다.

"선생님, 저번에 왜 안 오셨어요?"

"그때는 학교 관련해서 일이 좀 있었어. 그나저나 벌써 토론하던 중이었니? 복도에서 잠깐 들으니 교복 얘기가 나온 것 같던데."

"하연이랑 재준이가 어느 중학교 교복이 나은지 얘기하고 있었어요. 저랑 지오는 교복 자체가 싫은 쪽이고요."

"내년에 중학교에 입학하면 너희도 교복을 입겠구나. 그런데 지나는 왜 교복이 싫어?"

"단점밖에 없는 것 같아요. 교복 안 입는 중학교로 가고 싶어요."

"저는 지나 생각과 반대예요. 얼른 교복을 입고 싶어요. 요새 나오는 교복은 편하대요. 선생님은 학생 때 어떠셨어요? 교복 입는 게 좋으셨어요?"

하연이가 묻자 선생님이 턱을 긁적였다.

"글쎄. 교복이 편하지는 않았지. 등교하자마자 체육복으로 갈아입고 지냈어. 체육 시간도 아닌데 왜 체육복을 입었냐고 담임 선생님께 많이 혼났지. 지금은 시대가 바뀌면서 교복도 무척 다양해졌더구나. 여러 선택지가 있었다면 선생님도 교복에 대한 생각이 달라졌을 것 같아. 이번에는 교복에 대해 얘기해 볼까?"

토론을 시작하기 전에!

교복을 입는 게 좋다

고등학교 교사였던 에마뉘엘 마크롱 프랑스 대통령의 부인 브리지트 마크롱 여사가 한 행사에서 '교복은 아침마다 무엇을 입을지 고민하는 시간과 돈 낭비를 막아 준다'며 교복 착용에 찬성했습니다.

교복이 시간과 돈 낭비 줄여 줘

미국 캘리포니아 롱비치 학교에 교복이 생긴 뒤부터 학생들이 크게 변화했습니다. 학교 안에서 벌어지는 폭행 사건이 90퍼센트 감소한 것입니다. 학교 밖에서 일어나는 범죄도 크게 줄었습니다. 교장 선생님은 인터뷰에서 교복을 들인 것이 '우리가 한 일 중에 가장 성공적인 일'이라고 말했습니다.

교복 도입 후 범죄율 크게 감소해

16살 B양은 한 달에 한 번 사복을 입는 '사복데이'가 불편합니다. 빈부격차를 느끼기 때문입니다. B양은 '경제적 여유가 있는 학생들은 100만 원 대의 브랜드 옷을 입고, 그렇지 않은 학생은 교복으로 나온 후드를 입는다'고 말했습니다. 또한 17살 C양은 '사복데이'를 위해 '유행에 맞는 옷을 사야 한다'고 털어놓았습니다.

빈부격차로 인한 위화감 감소

교복을 안 입는 게 좋다

학부모 A씨는 교복 사는 돈이 아깝습니다. 자녀가 체육복을 입고 등교하는 날이 많아 정작 교복을 입는 날은 몇 번 되지 않아서입니다. 비싼 돈을 주고 산 교복은 옷장에 두는 날이 더 많습니다.

불편하고 비싸기만 해

2023년 광주 지역 업체들이 담합해서 교복 가격을 올린 사실이 드러났습니다. 이 탓에 학생들은 평균 6만 원을 더 주고 교복을 사야 했습니다. 업체들은 가격을 올리기 전보다 수익을 32억 원이나 더 챙겼습니다.

교복 판매 업체들끼리 담합해

한 중학교에서 교복 등교만 고집해 논란이 일었습니다. 경기도 양주의 한 중학교에는 외투를 걸치면 안 된다는 규정이 있어 학생들이 영하 6도의 날씨에도 교복만 입고 추위에 떨며 등교해야 했습니다.

학생들, 교복 등교로 추위에 떨어

"1980년대에는 중고등학생들이 교복을 입지 않았어. 교복 자율화가 시행되었거든. 하지만 이 제도는 3년 만에 폐지되었지. 이유는 여러 가지였지만, 아무래도 교복의 역할 때문인 듯하구나. 너희는 교복의 역할이 뭐라고 생각하니?"

선생님의 질문을 듣고 하연이가 손을 들었다.

"교복은 소속감을 느끼게 하는 것 같아요. 학생 때만 입을 수 있고, 학교마다 다르니까요. 교복을 입지 않아도 되는 대학생들도 학교 이름을 새긴 점퍼를 입고 다녀요. 해당 학교의 학생이라는 소속감을 느끼고 싶어서 아닐까요?"

"저는 교복이 소속감을 주는지 잘 모르겠어요. 어차피 학교에 있는 시간이 대부분인데 교복까지 입어서 내가 학생이란 걸 재차 확인할 필요가 있을까요? 그리고 대학생하고 우리는 달라요. 대학교는 선택인데, 중학교는 의무교육이잖아요. 아주 특별한 일이 없는 한 우리 모

> **지식 플러스**
>
> ### 교복 자율화
>
> 1982년 문교부(지금의 교육부)는 두발 자율화와 교복 자율화 제도를 발표했습니다. 교복이 일제강점기의 잔재이며 학생들을 억압한다는 이유에서였습니다. 1982년 1학기에 시범적으로 이루어졌고, 1983년 전국에서 시행되었습니다.
> 학생들이 자유복을 입고 다니자 서서히 부작용이 나타났습니다. 교사들이 학생을 지도하기 어려워졌고 사복이 학생들 사이에 위화감을 주었습니다. 교복 자율화에 반대하는 의견이 빗발치자 1986년 정부는 결국 교복 자율화를 학교가 선택하도록 권한을 넘겼고 학교는 교복을 다시 도입했습니다.

두 16살까지는 중학생이라는 신분에 속해 있어요."

"학생이어도 각기 다른 학교에 속하는걸요. 제가 나무중학교에 가고 싶은 건 교복이 예뻐서이기도 하지만, 이 근방에서 입학하기 어려운 학교여서예요. 특별활동이 많고 선생님도 다들 좋다고 해서 경쟁률이 높아요. 그런 학교의 교복까지 입으면 뿌듯함이 더 클 것 같아요."

하연이가 교복을 선호하는 이유를 차분히 말했다.

"어딘가에 소속되어 있다는 사실이 안정감을 주기도 해요. 청소년기는 성장이 급격히 이루어지고 정서적으로 많이 불안정하잖아요. 안정감이 있으면 학생들 마음도 편해질 거예요."

"자아정체성이 형성되어야 안정감이 생긴다는 걸 아나요? 유명한 심리학자인 에릭슨은 자아정체성이 잘 형성되어야 안정감을 느낀다고 했어요."

지오의 입에서 심리학자 이름이 나오자 모두 놀란 눈치였다.

"모두가 똑같은 옷을 입으면 거기서 다른 사람과 차별되는 자기 자신에 대해 어떻게 알아갈 수 있을까요? 같은 학교에서, 같은 밥을 먹고, 같은 공부를 하는데 똑같은 옷까지 입으니 말이죠. 교복은 우리 같은 청소년들의 발전에 도움이 되지 않아요. 교복 자율화를 막으려다가 학생들의 자율성까지 막는다니까요."

지오가 말을 마치고 고개를 저었다. 선생님이 말했다.

"심리학까지 나오다니, 토론에 깊이감이 생긴 것 같다. 하연이 말도 일리가 있고 지오의 생각도 무시할 수 없어. 참고로 교복 자율화가

폐지되었을 때, 사복이 학생들 사이에 위화감을 주기 때문이라는 의견이 컸어. 이에 대해서는 어떻게 생각하니?"

선생님의 물음에 재준이가 말했다.

"사복을 입으면 어느 브랜드 옷인지 금방 티가 나요. 옷 때문에 학생들 사이에서 경제적인 차이가 느껴질 거예요. 그게 스트레스를 주겠죠. 하지만 교복을 입으면 그런 걱정을 하지 않아도 돼요."

"교복 자율화가 폐지되었지만 그 문제는 해결되지 않았어요. '등골 브레이커'라는 말이 생길 만큼, 다들 무리해서라도 값나가는 점퍼를 입잖아요? 운동화도 그렇고요."

"그래서 더더욱 사복을 입는 게 바람직하지 않다고 봅니다. 완전히 자율 복장으로 학교를 다니면 문제가 얼마나 더 심각해질까요? 그런 점에서 교복이

위화감 어울리지 않아서 일어나는 어색한 느낌.

경제적이에요. 사복처럼 매일 옷을 바꿔 가며 입지 않아도 되고요."

"저는 교복이 경제적이라는 의견에 동의하지 않아요. 우선 교복 자체가 비싸요. 재킷, 조끼, 셔츠, 치마, 넥타이까지 모두 합하면 30만 원이 넘어요."

"요즘은 정부에서 교복 지원금을 준대요. 한 사람당 30만 원이요. 비용이 그 안에서 해결되니 부담이 적을 겁니다. 경기도는 2024년부터 교복 지원금을 40만 원으로 늘렸다고 합니다."

"요새는 학교에서 생활복이나 체육복을 입는대요. 교복이 불편하니까요. 등교할 때도 생활복을 입는 학교도 꽤 있어요. 학생들이 원하지도 않고 입지도 않을 교복이 굳이 필요할까요? 사촌 언니는 중학교 다니는 동안 체육복만 주야장천 입었대요. 입지도 않을 교복을 비싼 돈 주고 사려니 너무 아까워요."

지나의 말이 끝나자 선생님이 나섰다.

"재준이랑 지나의 의견이 팽팽한데? 교복에 관해 꾸준히 제기되

지식 플러스: 등골 브레이커

부모의 등골을 휘게 만들 만큼 고가의 제품이라는 뜻의 신조어입니다. 학생들이 주로 착용하는 가방, 외투, 운동화 중에 값이 비싼 브랜드 제품을 일컫습니다. 2011년 수십만 원 하는 점퍼가 학생들 사이에서 크게 유행하면서 생겨났습니다. 시간이 지나면서 등골 브레이커에 속하는 제품군이 스마트폰, 화장품 등으로 확장되었습니다.

어 온 문제는 교복이 불편하다는 점이야. 그래서 학교에서는 일종의 단체티를 맞추었어. 학교 로고가 새겨진 집업후드나 맨투맨 같은 옷들을 제작해서 교복처럼 입게 했지. 이걸 '생활복'이라고 불러."

"생활복을 교복으로 입으면 그나마 낫겠네요. 아는 형이 입었던 교복 만져 보니까 엄청 뻣뻣하더라고요. 중학교 가면 지금보다 더 오래 학교에 있을 텐데, 편하지도 않은 옷을 입고 종일 책상에 앉아 있으려니까 벌써부터 불편한 것 같아요."

선생님 말에 지오가 푸념했다. 선생님이 이어 말했다.

"재준이가 말한 교복 지원금은 생활복이나 체육복에는 해당되지 않았어. 생활복을 교복처럼 착용하는 학교도 있는데, 그럼 지원금을 쓰지 못했지. 다행히 요즘은 법이 바뀌고 있어. 경기도에서 교복 지원금을 '통합 지원금'으로 바꾸면서 생활복이나 체육복에도 쓰게 하고, 지원금 자체도 늘리기로 했다는구나. 사람들이 의견을 많이 내는 만큼 법도

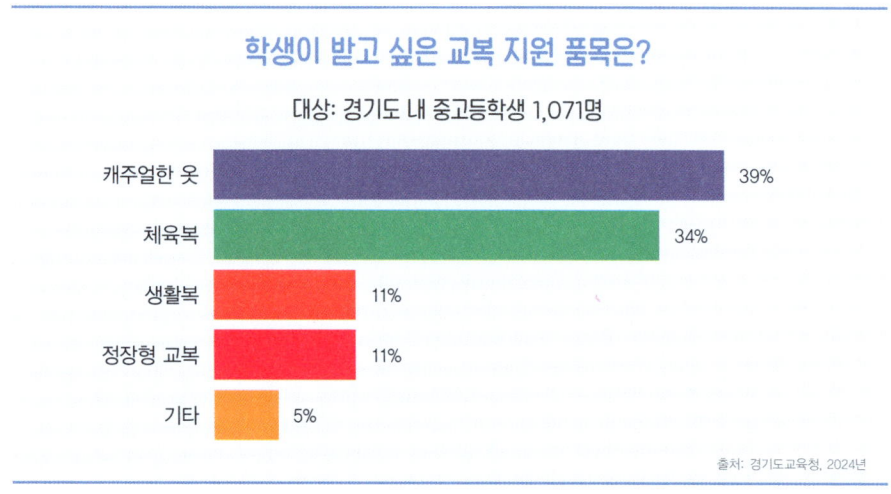

개선되었지."

"교복처럼 비효율적인 옷도 없다고 봐요. 통풍이 안 되니까 여름에는 덥고, 따뜻하지도 않아서 겨울에는 추워요. 어떤 학교는 한겨울에 외투도 입지 말고 교복만 입어야 한다는 규정 때문에 학생들이 추위에 떨면서 등교했대요. 학교에 건의해도 안 바꿔 주고요."

"제대로 공부하려면 몸이 편해야 하는데, 몸까지 불편하면 집중도 잘 안될 것 같아요. 2021년 전국 200여 개 학교를 조사한 한 기자는 약 40퍼센트가 복장 규정이 과하다고 보도했어요. 머리 모양부터 심지어 속옷 색깔까지 정해 두었대요! 저는 우리나라 학교 복장 규정의 중심에는 교복이 있다고 생각해요. 교복을 반드시 입어야 한다는 개념부터 달라져야 다른 규정들도 나아지지 않을까요?"

지나의 말을 다 듣고 나서 하연이가 손을 들었다.

"교복이 불편하긴 하지만 학생으로서 본분을 다하게 도와주는 부분도 있어요. 예전에 책에서 읽었는데 베트남 한 마을에서 초등학생들에게 무료로 교복을 제공하니 학교 출석률이 엄청나게 높아졌대요. 마을 사람들이 대부분 농사를 짓다 보니 학생들이 학교에 안 나가고 노동하는 경우가 많았는데, 교복을 입으니 자기가 학생이라는 걸 스스로 인지해서 학교에 가고 집안 어른들도 아이들에게 농사일을 시키지 않았대요."

"저도 하연이 말에 동의합니다. 지금 우리나라에서는 대부분 교복을 입기 때문에 교복이 주는 효과를 모를 수도 있어요. 하지만 탈도

많았는데 지금까지 교복 제도를 유지하는 걸 보면 교복이 주는 긍정적인 효과가 더 커서 그런 게 아닐까요?"

하연이 얘기에 재준이가 거들었다. 아까부터 두 사람을 유심히 보던 지나가 물었다.

"그런데 두 사람, 언제부터 그렇게 친했어? 예전엔 서로 말도 잘 안 하더니."

"재준이가 좋은 랜선 친구들 소개해 준다면서 온라인 자동차 레이싱 게임 같이하자고 했거든. 처음에는 서먹했는데 게임하면서 대화하다 보니까 재준이 랜선 친구들하고도 친해지고 있어. 재준이도 예전보다 편해졌고."

하연이 말에 재준이가 어깨를 으쓱했다. 지오가 말했다.

"오늘 밤에도 할 거지? 나도 게임 초대해 줘. 오늘은 스트레스를 풀기 위해 꼭 게임을 해야겠어!"

"뭐야! 나 빼고 셋이서 했던 거야? 나도 끼워 줘! 송지오, 너는 다 알면서 나한테 얘기도 안 했냐?"

지나가 대뜸 지오의 목덜미를 붙잡고 흔들었다. 지오가 "이거 놔! 알려 줄게" 하며 캑캑댔다. 하연이는 지나와 지오를 보고 웃었다. 웃고 떠드는 아이들 사이로 선생님이 소리 없이 긴 숨을 내쉬었다. 그걸 본 재준이는 선생님이 걱정되었다.

"선생님, 정말 무슨 일 없는 거 맞아요?"

"그게 말이야, 사실은……."

선생님이 말을 흐렸다. 재준이가 재차 묻자 선생님이 잠시 머뭇거리다가 재준이에게 귓속말을 했다. 선생님의 이야기를 들은 재준이의 눈동자가 흔들렸다.

토론의 쟁점을 정리해 볼까요?

 재준 하연　　　　　　　　　　　　　　　 지나 지오

교복을 입는 게 좋다	교복을 안 입는 게 좋다
학생이라는 소속감을 느낄 수 있다.	자율성을 억압한다.
사복으로 인한 스트레스가 줄어든다.	경제적으로 부담이다.
학생으로서 본분을 다하게 한다.	더위나 추위를 막지 못하고, 불편하다.

초등 의대 준비반까지 낳은 과도한 경쟁, 꼭 필요할까?

"안 돼요! 도서실이 문을 닫는다고요?"

재준이 한마디에 나머지 세 사람이 선생님과 재준이에게 시선을 돌렸다. 선생님이 한숨을 쉬었다.

"교장 선생님께서……."

저출생으로 학생 수가 급속히 줄어들면서 정부에서 학교를 하나씩 폐교하기로 결정했다. 학생 수가 적어도 폐교되지 않으려면 우수 학교임을 증명해야 했다. 우수 학교가 되려면 학생들이 공부를 열심히 해야 한다. 교장 선생님은 교내 도서실을 없애고 그 자리에 저녁까지 운영하는 어린이 독서실을 만들 계획이었다. 책은 학교 옆 어린이 도서관에서 빌리면 된다는 게 교장 선생님의 생각이었다.

"실은 선생님도 이 학교를 졸업했단다. 사서 선생님으로서 내가 다녔던 학교에 도서실이 사라지는 걸 두고 볼 수 없었지. 이전 사서 선생님께서 휴가 가신 사이에 도서실이 폐지된다기에 부리나케 이곳으로 지원해 왔단다. 교장 선생님을 계속 설득해 미뤄 왔지만 결국 진행하시겠대. 경쟁에서 살아남으려면 어쩔 수 없다고 하시더구나."

선생님의 말이 끝나자 분위기가 숙연해졌다. 네 사람 머릿속에 도서실에서 책도 읽고 함께 토론했던 기억, 그간 하지 못했던 얘기를 나누며 친해졌던 기억이 몽글몽글 떠올랐다. 지나가 말했다.

"그깟 경쟁이 뭐가 중요하다고. 교장 선생님 너무해요!"

"경쟁이 중요하긴 하지. 살아남으려면 어쩔 수 없다고 하시잖아."

"송지오, 교장 샘 편 드냐? 너는 이 공간이 사라져도 상관없어?"

"내 말은 경쟁이 필요하다는 뜻이지. 하지만 도서실이 없어지면……"

지오의 코끝이 붉어졌다. 하연이도 눈가에 눈물이 맺혔다. 말은 안 했지만 다들 같은 마음이었다. 모두 이 공간이 없어지지 않기를 바랐다.

선생님이 조심스레 말을 꺼냈다.

"한 가지 방법이 떠오르긴 했다만, 너희 모두의 동의가 필요해."

선생님 말에 모두가 귀를 쫑긋 세우고 선생님을 쳐다보았다.

"그게 뭔데요, 선생님?"

"너희가 토론하는 모습을 교장 선생님께 보여 드리면 어떠니? 그간 도서실에서 좋은 자료를 읽고 토론하면서 토론 실력이 눈에 띄게 늘었어. 아이들에게 소통할 공간, 정보를 찾을 공간이 필요하다는 사실을 알려 드리면 교장 선생님도 달라지실지 몰라."

"그게……."

네 사람은 우물쭈물했다. 지나는 입술을 뜯었고 지오는 괜히 테이블 너머 책장을 바라보았다. 하연이는 공책에 낙서를 끄적거렸다.

"가능성이 있다면 당연히 해야죠."

줄곧 잠자코 있던 재준이가 큰 소리로 말했다. 하연이가 자그마한 목소리로 "저도 좋아요. 그런데 그게 도움이 될까요?"라고 물었다.

"그럼! 선생님은 너희를 믿어. 우리 한번 해 보자."

선생님의 응원에 힘입어 네 사람은 토론 준비에 들어갔다. 토론 주제, 찬성과 반대 의견을 정하고 도서실에서 책이나 컴퓨터로 자료를 찾았다.

2주가 지났다. 아이들은 여느 때와 같이 테이블에 앉았다. 입을 꾹 다문 교장 선생님이 문 앞에 앉아 있는 것 빼고는 평소와 같았다. 선생님이 마른기침을 하고 나서 말문을 열었다.

"토론을 시작할게. 오늘의 주제는 '경쟁이 삶에 도움이 되는가'야. 경쟁은 양날의 검에 비유할 수 있어. 인간에게 득이 되기도, 독이 되기도 하지. 경쟁에 대해 얘기하면서 우리만의 정답을 찾아가 보자."

토론을 시작하기 전에!

경쟁은 삶에 도움이 된다

캐나다와 미국 경제학자들의 분석에 따르면 경쟁이 치열할수록 직장 동료끼리 협력하며 신뢰한다고 합니다. 어떤 식으로 데이터를 분석하든 경쟁이 심한 산업일수록 동료 간에 신뢰도가 높다는 결과가 나왔습니다.

경쟁 심할수록 동료끼리 협력해

우리나라 청년 및 중년 10명 중 8명은 경쟁이 사회의 원동력이라고 여깁니다. 한 신문사에서 진행한 설문 조사에서 20대~50대 중 약 80퍼센트는 '경쟁이 사회 발전의 동력으로 작용한다'는 데에 동의했습니다.

사회의 원동력이 되는 경쟁

미국 의과대학 연구팀이 성공한 여성 1,200명을 조사해 보았더니 경쟁에서 이긴 경험이 여성들의 성공에 긍정적인 영향을 준 것으로 나타났습니다.

성공에 긍정적인 영향 미쳐

경쟁은 삶에 도움이 되지 않는다

한 언론사에서 우리나라 20대~30대 1,000명에게 설문한 결과, 87퍼센트가 우리나라의 경쟁 문화가 출생 결정에 영향을 준다고 답했습니다. 자신이 호되게 겪은 경쟁 스트레스를 후세대에게 물려주고 싶지 않아서입니다. 일본 언론에서도 한국의 입시 경쟁이 저출생을 부추긴다고 지적했습니다.

경쟁 스트레스 심각해

경쟁자 수가 많을수록 오히려 성과가 떨어집니다. 미시간대학교 스테판 교수와 이스라엘 아비사롬 교수가 연구한 결과, 미국 입시 시험 SAT는 시험을 치르는 수험생 수가 많을수록 평균 성적이 떨어졌습니다.

경쟁률 높을수록 성과 떨어져

스테판 교수와 아비사롬 교수는 다른 실험을 진행했습니다. 간단한 문제를 준 뒤, A집단에게는 경쟁자가 10명이라고 알려 주고, B집단에게는 경쟁자가 100명이라고 알려 주었습니다. 그랬더니 A집단이 B집단보다 문제 푸는 속도가 평균적으로 더 빨랐습니다.

경쟁이 의욕 저하시키도

"경쟁은 원하는 바를 얻고자 서로 겨루는 거야. 수많은 학생이 명문대에 입학하길 바라지만 입학 정원은 정해져 있듯이, 우리가 경쟁하는 이유는 한정된 것을 원하는 사람이 많아서야. 경쟁은 원하는 것을 갖기 위한 방법의 일종이지. 다들 경쟁에 대해 어떻게 생각하니?"

지오가 먼저 말문을 열었다.

"저는 경쟁에 찬성해요. 경쟁을 하면 실력이 좋아져요. 얼마 전에 학원에서 의대 준비반을 만든다고 해서 반 편성 테스트를 통과하려고 수학을 공부했어요. 쉬는 시간에도 짬짬이 문제를 풀었더니 예전엔 어려워서 못 풀던 문제도 이제는 잘 풀어요."

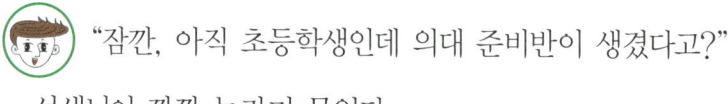

"잠깐, 아직 초등학생인데 의대 준비반이 생겼다고?"

선생님이 깜짝 놀라며 물었다.

"네. 의대 정원을 늘려야 한다는 목소리가 커지면서 학원마다 의대 준비반이 생겼어요. 초등 저학년부터 뽑기도 한대요. 초등학생 때부터 준비해야 확률이 높다고요. 우리 동네만 그런 게 아니에요. 2024년에 시민단체 '사교육걱정없는세상'에서 조사했더니 전국 16개 시도의 학원에서 초등 의대반과 관련된 홍보를 했대요. 89곳의 학원에서 136개의 의대 준비반 관련 프로그램이 생겼고요."

지오의 말이 끝나자마자 지나가 손을 들었다.

"저는 그것 때문에 엄청 스트레스 받았어요. 엄마가 시험이라도 보라고 해서 지오랑 같이 반 편성 테스트 봤는데, 생전 처음 보는 문제들만 가득했다니까요. 나중에 알고 보니까 고등학교 1학년 수학 문제도

있었어요. 통과해야 한다는 압박감도 들고, 떨어질까 봐 또 불안하고, 스트레스가 엄청 컸어요."

지나가 한숨을 쉬며 말했다.

"경쟁은 압박감을 줄 수밖에 없어요. 아무리 노력해도 원하는 걸 얻지 못할 수 있어요. 정원보다 지원자가 더 많을 때 경쟁이 일어나는 거잖아요. 이렇게까지 스트레스 받으면서 공부하고 싶지 않더라고요. 그래서 저는 아예 다른 학원 알아보고 있어요."

지나의 말을 들은 지오가 "진짜?"라고 작게 속삭이자, 지나가 검지를 입에 갖다 대며 조용히 하라고 일렀다. 두 사람의 얘기를 듣던 하연이가 손을 들었다.

"지오 의견에 동의해요. 저는 학교에서 열리는 바이올린 대회에 참가한 적이 있어요. 대회 준비하느라 온종일 바이올린 연습하면서 진짜 힘들었는데, 그동안 실력이 느는 게 느껴졌어요. 예전에는 어려웠던 곡도 금방 연주하게 되더라고요."

"실력이 좋아지지만 건강이 나빠지고 스트레스를 받아요. 저는 반 편성 테스트 준비할 때 하도 머리가 아파서 한동안 두통약을 계속 먹었어요. 스트레스가 크면 우울증이 생기거나 질병에 걸릴 확률이 높아지잖아요. 건강을 해치면서까지 실력을 키워야 할까요? 건강을 잃으면 능력을 펼치지 못해요. 그때만 생각하면 아찔해요."

지나가 말을 마치자 재준이가 미리 준비해 온 자료를 보며 말했다.

"경쟁이 과한 스트레스를 준다는 연구 결과는 수없이 많습니다.

우리나라 입시 경쟁은 심각한 사회 문제입니다. 가장 많이 언급되는 문제는 경쟁이 학생들에게 압박감을 준다는 점입니다. 특목고에 다니는 3학년 학생 1,700명을 대상으로 설문 조사를 했더니 72퍼센트가 입시 경쟁 때문에 고통받는다고 답했대요. 25퍼센트는 스트레스가 극도로 심해서 죽음까지 생각했다고 합니다. 학생들만이 아니에요. 설문 조사에 1,800명 정도의 학부모도 참여했는데, 그중 64퍼센트나 입시 경쟁 때문에 스트레스 받는다고 답했습니다."

"스트레스를 주는 건 인정해요. 그렇지만 경쟁은 사람에게 성공이라는 경험을 줄 수 있어요. 저는 반 편성 테스트 통과했어요! 잠도 못 자고 열심히 한 만큼 성과가 돌아오니까 뿌듯하고 나 자신이 자랑스러웠어요."

"경쟁을 하면 승자와 패자가 생겨요. 승자가 소수이고 패자는 다수인데도, 다수는 열등감이나 패배감을 느낄 수밖에 없어요. 노력했는데도 결국 원하는 걸 얻지 못했으니까요. 저도 지오랑 같은 학원에서

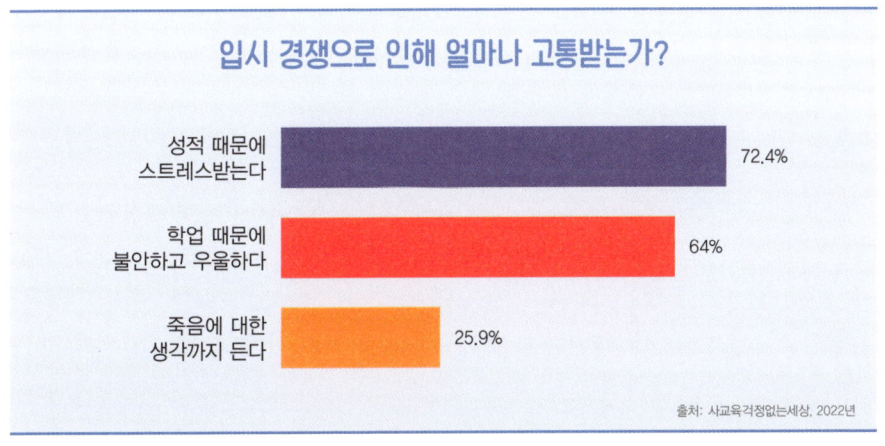

시험 봤는데, 결국 떨어졌어요. 나름 열심히 했는데 허탈하더라고요. 다른 공부도 하기 싫어지고요. 저처럼 시험에 떨어진 다른 친구들도 무척 속상해했어요. 경쟁을 벌이면 많은 사람이 불행하다고 느끼게 돼요. 패배는 곧 실패라는 분위기를 만드는 게 경쟁이고요."

"한번 패자가 영원한 패자라는 법은 없어요. 경쟁할 기회는 살면서 무수하게 많아요. 나의 부족한 면을 고민해서 다시 도전하면 실력도 쌓고 성공이라는 경험도 얻을 수 있어요. 일석이조이죠."

"미국의 사회학자이자 심리학자인 알 피곤은 경쟁이 자존감을 떨어뜨린다고 말했어요. 원하는 것을 얻지 못한 사람들을 자괴감에 빠뜨리는 게 문제예요. 열심히 했는데도 경쟁에서 지면 내 탓으로 돌리게 되잖아요."

지나의 말이 끝나자마자 하연이가 손을 들었다.

"경쟁이 자존감을 떨어뜨릴 수도 있지만 성공할 기회를 준다는 장점이 더 커 보여요. 그때 바이올린 대회에서 1등 해서 학교 대표로 시도 대회까지 나갔거든요. 한번 성공하고 나니까 다른 일도 다 잘할 것 같다는 자신감이 생겼어요. 성공하면 자존감을 키울 수 있어요."

"하지만 경쟁에서 성공하는 사람은 적고 대부분 실패를 경험합니다. 소수의 행복을 위해 다수가 불행해지는 건 불공평해요."

재준이의 말을 듣고 선생님이 말했다.

"여러분이 치열하게 토론을 진행해서 선생님이 끼어들 틈이 없네. 경쟁 하면 입시 경쟁처럼 심각한 것만 떠올리기 쉬워. 우리나라 입시가 워낙 오래된 사회 문제다 보니 더 그럴 거야. 그런데 축구나 야구 같은 스포츠도 경쟁이야. 우리는 크고 작은 경쟁을 하면서 살고 있어. 혼자 살았다면 경쟁할 필요도 없을 거야. 사람들이 모여서 이룬 사회에 살고 있기에 경쟁도 생겼지. 지금까지 경쟁에 관해 개인적인 측면에서 얘기했으니, 이번엔 사회적인 측면에서 얘기해 볼까?"

"예전에 마트에서 비싼 브랜드 아이스크림을 팔았는데, 아이스크림 가게가 생기니까 비싼 브랜드 아이스크림을 할인해서 팔았어요! 아이스크림 가게가 경쟁이 붙은 덕분에 아이스크림을 싸게 먹었어요."

"지오 말처럼 기업들이 경쟁하면 사회가 발전할 수 있어요. 문화체육관광부에서 발표한 보고서를 보면 우리나라 국민의 57.9퍼센트가

'경쟁은 사회를 발전시킨다'고 생각해요. 압박을 주긴 해도 결국 경쟁을 해서 좋은 결과가 나온다는 사실을 사람들도 안다는 뜻이에요. 제품은 좋아지고 가격은 소비자에게 부담스럽지 않게 낮아지니까요."

> **용어 정리**
>
> **독점**: 개인이나 하나의 단체가 다른 경쟁자를 제외하고 생산과 시장을 지배해 이익을 독차지하는 것을 뜻해요.

하연이가 설문 조사 결과를 보여 주며 설명했다.

 "한 기업이 경쟁하는 회사 없이 시장을 독점하면 제품 가격이 과하게 높아질 수 있어요. 그럼 피해는 소비자에게 돌아가죠. 예전에 학교에서 배웠어요."

"그렇지만 경쟁을 강조하다 보면 협력의 가치가 줄어들 수 있어요. 함께 힘을 보태고 노력해서 원하는 걸 가질 수도 있는데 무엇이든 경쟁해야 얻을 수 있다고 착각하게 돼요."

"맞아요. 우리는 이미 경쟁에 익숙해졌습니다. 유치원생 때부터

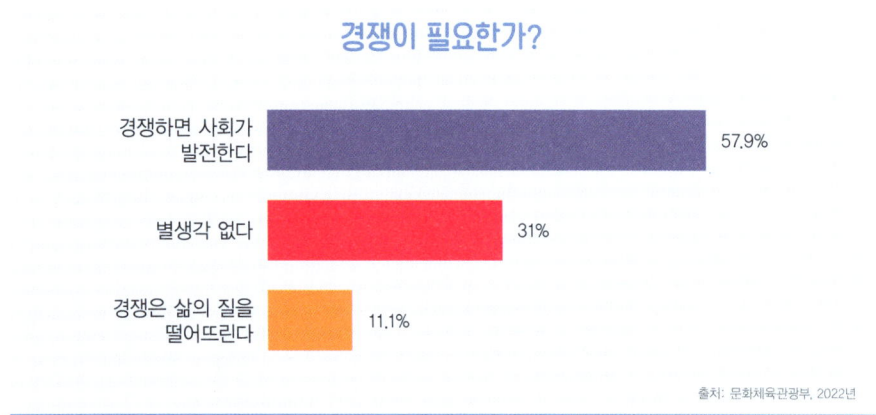

경쟁이 필요한가?
- 경쟁하면 사회가 발전한다: 57.9%
- 별생각 없다: 31%
- 경쟁은 삶의 질을 떨어뜨린다: 11.1%

출처: 문화체육관광부, 2022년

고등학생 때까지 입시 경쟁에 시달리고, 대학교에 가고 나서는 취업 경쟁을 벌여요. 취업하면 성과를 내기 위해 또 경쟁해요. 다른 친구들이 말한 것처럼 경쟁에는 장점도 있습니다. 하지만 모든 과정에서 경쟁하면 우리는 편하게 못 살아요."

"경쟁자보다는 협력자가 옆에 있는 게 마음이 훨씬 편해요. 모든 과정에서 경쟁을 벌이면 주변에 있는 사람들이 다 경쟁자로 보일 거예요. 저는 경쟁을 강조하다가 협력하는 법을 잃어버릴까 봐 걱정이에요. 다수가 함께 성장하는 것도 가능한데요."

지나의 말을 듣던 지오가 손을 들고 선생님을 쳐다보았다.

"지오야, 말해 보렴."

"토론하다가 든 생각인데요. 건강한 경쟁은 없을까요? 경쟁이 어느 정도 압박감을 주지만, 좋은 점도 분명히 있다고 생각하는데……."

지오가 물었다.

"좋은 질문이야. 건전한 경쟁을 못 할 건 없지. 지금 우리 사회가 경쟁이 과열되어 있긴 해. 그래서 스트레스도 심하지. OECD 가입국 중에서 자살률이 1위인 원인으로 '지나친 경쟁 문화'를 꼽으니까. 계속 긴장하고 있으니 쉬지 못해서 모두가 힘들어진달까. 하지만 긴장 풀 시간이 충분히 주어지면 경쟁은 적재적소에 우리 능력을 키우는 원동력이 될 거야."

"그렇다면 경쟁이 지나친 게 문제인 거네요."

"그렇다고 볼 수 있지."

선생님이 고개를 끄덕이자 지나가 말을 보탰다.

"한번 경쟁 문화에 빠지면 빠져나오기 어려운 것 같아요. 다들 어렵지만 그 길에서 벗어나지 못하니까요."

"지나 말에도 공감이 간다. 그럴수록 우리는 우리만의 길을 찾아야 해. 이렇게 토론하면 해결법을 찾을 수도 있겠지. 오늘 토론은 여기서 마쳐도 될 것 같다. 그동안 모두 쉽지 않은 주제로 토론하느라 고생 많았어. 잘했다는 의미에서 서로에게 박수를 쳐 주자."

네 사람과 선생님이 박수를 쳤다. 지나는 왠지 이 시간이 마지막 토론처럼 여겨져서 눈물이 날 것 같았다. 지나가 자리에서 일어나 교장 선생님을 바라보고 말했다.

"교장 선생님, 저희도 학교가 없어지는 걸 바라지 않아요. 그런데 저희가 학교에 오는 이유는 친구들과 소통하기 위해서예요. 도서실은 학생들끼리 편히 의견을 나누는 장소이고요. 저는 토론을 하면서 기분 내키는 대로 말하던 버릇을 줄이고 논리적으로 말하는 연습을 하게 됐어요."

"저도요. 저는 원래 별생각 없이 살았는데 토론하면서 생각이 많아졌어요."

"제 주장을 다른 사람에게 얘기하는 게 편해졌어요."

"저는 제 의견만 옳은 줄 알았는데, 친구들하고 토론하면서 다양한 의견을 인정할 줄 알게 됐어요."

저마다 한마디씩 했다. 모두가 교장 선생님의 대답을 기다렸다. 여태 아이들을 지켜만 보던 교장 선생님이 드디어 입을 열었다.

"도서실이 이렇게 잘 쓰이고 있는지 몰랐다. 서로 소통할 기회가 별로 없을 텐데, 토론을 하며 의견을 나누니 좋구나."

"교장 선생님! 그러면 학교 도서실을 이대로 두실 건가요?"

"뭐, 다시 생각해 보고……. 업무가 있어서 이만 가겠네."

교장 선생님이 자리에서 일어나 뒷짐을 지고 도서실을 나섰다.

"교장 선생님께서 다시 생각해 본다고 말씀하신 건 처음이야. 한동안 걱정하지 않아도 되겠어! 너희 덕분이다! 선생님이 맛있는 거 쏠게. 아

이스크림을 먹어야 하나?"

"저는 아이스크림에 반대합니다! 왜냐하면……."

"아이스크림 가지고도 찬반 토론 할 거야?"

재준이 말에 아이들이 웃었다. 웃음소리가 모처럼 길게 이어졌다. 안도감과 묘한 성취감, 무엇보다 토론하며 함께 성장하는 기쁨이 웃음소리와 더불어 도서관 공기를 풍성히 채웠다.

토론의 쟁점을 정리해 볼까요?

 지오 하연  지나 재준

경쟁은 삶에 도움이 된다	경쟁은 삶에 도움이 되지 않는다
성장의 원동력이 된다.	극심한 스트레스를 준다.
성공을 경험할 수 있다.	자존감을 떨어뜨린다.
경쟁을 해야 사회가 발전한다.	협동의 가치가 줄어든다.